职业教育物流管理专业教材

现代物流基础

薛贵明　主　编

電子工業出版社
Publishing House of Electronics Industry
北京・BEIJING

内容简介

本书是“职业教育物流管理专业教材”之一。通过全书6个项目下的20个任务，比较全面地介绍了物流的概念，物流系统的含义及要素，物流活动的具体内容，物流服务的特点，物流管理的内容，物流标准化的过程；同时，还介绍了物流业的新动态。

本书可作为职业院校物流管理专业及相关专业的教学用书，也可以作为从事现代物流业职工的参考资料和培训用书。

本书还配有电子教学参考资料包（包括电子教案、教学指南及习题答案），详见前言。

图书在版编目（CIP）数据

现代物流基础/薛贵明主编. —北京：电子工业出版社，2016.7
ISBN 978-7-121-29054-1

Ⅰ. ①现… Ⅱ. ①薛… Ⅲ. ①物流－高等学校－教材 Ⅳ. ①F252

中国版本图书馆CIP数据核字（2016）第131902号

策划编辑：徐 玲
责任编辑：王凌燕
印 刷：北京七彩京通数码快印有限公司
装 订：北京七彩京通数码快印有限公司
出版发行：电子工业出版社
北京市海淀区万寿路173信箱 邮编 100036
开 本：787×1 092 1/16 印张：11.75 字数：301千字
版 次：2016年7月第1版
印 次：2023年9月第9次印刷
定 价：28.00元

前　言

随着市场经济的发展，物流业已由过去的末端行业，上升为引导生产、促进消费的先导行业。现代物流业是以现代运输业为重点，以信息技术为支撑，以现代制造业和商业为基础，集系统化、信息化、仓储现代化为一体的综合性产业。加快发展现代物流业是优化区域产业结构，振兴第三产业的必然选择；加快发展现代物流业是企业降低成本，提高经济运行质量和效益的有效途径；加快发展现代物流业，是提供就业岗位、缓解就业压力的重要手段；加快发展现代物流业，是改善投资环境，扩大对外开放的迫切需要。

本书为“职业教育物流管理专业教材”之一。教材结合物流管理专业人才培养方案和职业教育教材现状编写，适应职业教育的需要，力求体现当代职业教育新理念，并紧跟现代物流业的发展，尽量使教材保持一定的理论与技术领先。

本书共分 6 个项目：项目一　认知物流及物流系统；项目二　认知物流活动；项目三　认知物流服务；项目四　学做物流管理；项目五　认知物流标准化；项目六　了解物流业新动态。6 个项目下有 20 个任务，全面介绍物流的发展历程；物流的概念；物流系统的特点及要素；物流活动，包括运输、仓储、装卸搬运、包装、流通加工、配送和信息处理的具体内容；物流服务的特点及分类，包括基础性的物流服务和增值性的物流服务；物流管理，包括物流设施设备管理、物流成本管理、物流质量管理、物流客户关系管理、物流组织机构管理、物流战略管理等内容；物流标准化的内涵；最后介绍了物流业的新动态，包括特色物流、物流与互联网的关系等。

本书在体例设计上突破了传统教材的编写模式，突出职业教育的实践性。项目中的每个任务下设有“任务情境”、“任务要求”、“知识准备”、“巩固提高”等模块，并配合使用案例和问题讨论。本书在内容上注重结合物流业的实际发展情况，以物流业的国家标准、法律规范为依据，充分考虑我国物流业发展状况和实际案例，体现物流发展的新动态。本书内容编排重点突出，翔实地反映了现代物流管理的基本专业知识，为学习后续相关课程打下坚实的基础。本书可供职业教育物流管理专业教学使用，也可用于交通运输类专业教学使用和物流企业职工培训使用。

为了方便教师教学，本书还配有电子教案、教学指南及习题答案（电子版），请有此需要的教师登录华信教育资源网（www.hxedu.com.cn）下载或与电子工业出版社联系，我们将免费提供（E-mail：hxedu@phei.com.cn）。

本书由河北轨道运输职业技术学院薛贵明任主编，参加编写的还有孙桂岩、张宪（辽宁铁道职业技术学院）、王紫君（柳州铁道职业技术学院）、侯志斌（河北轨道运输职业技术学院）。具体编写分工为：张宪（项目一、项目六）、薛贵明（项目二）、孙桂岩（项目三）、王紫君（项目四）、侯志斌（项目五）。全书由薛贵明负责体例设计和统稿。教材在编写过程中得到了电子工业出版社徐玲编辑的大力支持，在此表示衷心感谢！

在本书的编写中，我们参考了许多专家学者有关现代物流的书籍、文献、论文等资料，也引用了一些物流企业的技术数据和图片，我们已尽可能地在参考文献中详细列出，谨在此对他们表示衷心的感谢！同时，也可能由于我们的疏忽，有些资料引用了而没有指出资料出处，若有此类情况发生，深表歉意。

编　者

目 录

项目一

认知物流及物流系统

项目目标

1. 能知道物流与人类活动的关系。
2. 掌握物流的定义和分类。
3. 能说明什么是物流系统。
4. 掌握组成物流系统的要素。

任务一　了解物流活动的起源和类型

任务情境

物流是一项古老的活动，简单说物流就是物品的移动或流动。人类自出现了商品生产和商品交换，就产生了商品流通。西汉时由张骞出使西域开辟的丝绸之路是历史上最早的横贯欧亚大陆的贸易交通线，促进了欧亚非各国和中国的友好往来。

唐代诗人杜牧"一骑红尘妃子笑，无人知是荔枝来"描写了唐明皇命人快马加鞭从南方运送新鲜荔枝的画面，这可能是历史上最浪漫的与"物流"有关的故事。

现代经济生活中，原材料、半成品等按照工艺流程在各个加工点之间不停顿地移动、转移，形成了工业生产的物流活动。

问题：1．你还能举出哪些物品移动或流动的例子？

2．你能对上述这些物品移动、流动进行归类吗？

任务要求

通过学习任务一，达到以下目标：

1．了解物流与人类活动的关系。

2．掌握物流的定义和分类。

知识准备

一、物流的发展历程

物流的概念源于美国。1901 年，格罗威尔在美国政府的《工业委员会关于农场产品配送的报告》中，第一次论述了对农产品配送成本产生影响的各种因素，人们开始认识物流。

第二次世界大战期间，美国军队为了卓有成效地调运军用物资，运用运筹学的理论方法，统筹安排人力运力，解决了一系列物资供应中出现的矛盾和问题，圆满完成了物资的调运和支援任务，被概括为"后勤供应"。战后，这种组织管理手段被应用于企业的生产管理，开拓了企业生产的崭新局面，取得了很好的经济效益。这实际上是美国物流业的初创阶段，也是世界范围内最初萌生的"物流"现象。

20 世纪 50 年代到 70 年代，由于人们研究的对象主要是与商品销售有关的物流活动，是实物流通过程中的商品实体运动，因此对于物流概念通常采用的是“Physical Distribution”（PD）一词，直译为“物资分配”、“实物分布过程”。

在我国，孙中山先生曾主张“货畅其流”，可以说是我国物流思想的起源。而开始使用“物流”一词，则始于 1979 年。这年 6 月，我国物资工作者代表团赴日本参加第三届国际物流会议，回国后在考察报告中第一次引用和使用“物流”这一术语。1989 年 4 月，第八届国际物流会议在北京召开，“物流”一词在我国的使用日益普遍。

二、物流的定义及分类

（一）物流的定义

物流的研究对象是贯穿生产领域和流通领域的一切产品流及有关的信息流，研究的目的是对其进行科学的计划、管理与控制。物流的作用是将产品由供给主体向需求主体转移，在这一转移过程中创造空间价值和时间价值。

我国国家标准《物流术语》（GB/T 18354—2006）对物流的定义是：物品从供应地向接收地的实体流动过程。根据需要，将运输、储存、装卸搬运、包装、流通加工、配送、信息处理等基本功能实施有机结合。

（二）物流的分类

物流的分类方法很多，虽然从本质上说物流都是物的流动，具有相同或相似的基本要素，但是由于物流领域、物流对象、物流目的、物流范畴等的不同，为工作和研究的方便，有必要对物流进行分类，如表 1-1 所示。

表 1-1　物流的分类

分 类 依 据	分 类 情 况
物流所涉及的领域	军事领域的物流、生产领域的物流 流通领域的物流、生活领域的物流
物流活动的空间范围	地区物流、国内物流、国际物流
物流系统性质	社会物流、行业物流、企业物流
物流作业执行者	企业自营物流、第三方物流

1. 按照物流所涉及的领域进行分类

（1）军事领域的物流。军事领域的物流是为满足军队平时与战时需要的物流活动。军事领域的物流概念是现代物流概念的来源。在军事上，物流是支持战争的一种后勤保障手段，是伴随战争和战场的转移而发生的军事物资的流动。最初，这种活动本身完全不是经济活动。所以，它具有和一般经济活动的“物流”不同的特点。近年来，随着军事科学的发展，军事物流已纳入军事经济系统之中。尤其在和平时期，“经济性”的比重正在增加。因而军事领域的物流又出现了新特点，其外延不但涉及政治、军事，而且涉及分配、调度及各种购销活动。

（2）生产领域的物流。无论在传统的贸易方式下，还是在电子商务下，生产都是流通之本，而生产的顺利进行需要各类物流活动的支持。生产的全过程从原材料的采购开始，便要求有相应的供应物流活动，否则，生产就难以进行；在生产的各工艺流程之间，也需要原材料、半成品的物流过程，即所谓的生产物流，以实现生产的流动性；部分余料、可重复利用的物资的回收，就需要所谓的回收物流；废弃物的处理则需要废弃物物流。可见，整个生产过程实际上就是系列化的物流活动。合理化、现代化的物流，通过降低费用从而降低成本、优化库存结构、减少资金占压、缩短生产周期，保障现代化生产的高效进行。

（3）流通领域的物流。物流与流通领域有天然不解之缘，流通领域的物流是典型的经济活动。加快我国流通领域现代物流发展，有利于提高流通效率，降低流通成本，促进城乡和地区间商品流通，更好地发挥现代流通业在国民经济社会发展中的先导性作用；有利于调整优化流通产业结构，带动相关产业发展，转变经济发展方式，提高流通业对国民经济的贡献率；有利于提升流通企业核心竞争力，适应经济全球化和竞争国际化的需要。

（4）生活领域的物流。在生活消费领域也存在着物流活动，这种物流活动使生活更为便利化，是保证现代化生活节奏不可缺少的组成部分。随着电子商务的开展，形成安全通畅、舒适便捷的物流服务环境，对于人民群众生活改善、消费升级越来越有必要，生活领域的物流是现代物流的重要组成部分。

2. 按照物流活动的空间范围进行分类

（1）地区物流。所谓“地区”，有不同的划分标准。首先，按行政区域划分，我国有 34 个省、市、自治区，习惯上将其划分为七大区：东北、华北、西北、西南、华南、华东、华中；其次，可以按地理位置划分，如长江三角洲地区、河套地区、环渤海地区、珠江三角洲地区等。地区物流系统对于提高该地区企业物流活动的效率，以及保障当地居民的生活环境，具有重要作用。研究地区物流应根据地区的特点组织好物流活动。如某城市建设一个大型物流中心，这对于当地物流效率的提高、降低物流成本、稳定物价是具有积极作用的；但是也会由此带来货车来往频繁、汽车尾气噪声污染、交通事故等负面问题。因此物流中心的建设不单是物流问题，还要从城市建设规划、地区开发计划等方面统一考虑，妥善安排。

（2）国内物流。国家或相当于国家的实体，是指拥有自己的领土、领海和领空的政治、经济实体。它所制订的各项计划、法令政策都是为其自身的整体利益服务的。物流作为国民经济的一个重要方面，也应该纳入国家的总体规划。我国物流业是社会主义现代化事业的重要组成部分，全国物流系统的发展必须从全局着眼，对于因为部门分割、地区分割所造成的物流障碍应该清除。在物流系统的建设投资方面也要从全局考虑，使一些大型物流项目能够尽早建成，为经济建设服务。

（3）国际物流。国际物流是指世界各国（或地区）之间，由于进行国际贸易而发生的商品实体从一个国家（或地区）流转到另一个国家（或地区）的物流活动。随着国际贸易的发展，物流国际化越来越突出，“物流无国界”已被人们所公认。国际物流比国内物流更为复杂，需要国际间的良好协作，同时也需要国内各方面的重视和参与。

3. 按照物流系统性质进行分类

（1）社会物流。社会物流是指以全社会为范畴、面向广大用户的超越一家一户的物流。社会物流是全社会物流的整体，因此社会物流带有宏观性和广泛性，所以也称之为大物流或宏观物流。

社会物流的流通网络是国民经济的命脉，流通网络分布是否合理、渠道是否畅通是至关重要的。必须对其进行科学管理和有效控制，采用先进的技术手段，保证高效能、低成本运行，才能带来巨大的经济效益和社会效益。

（2）行业物流。同一行业中的企业虽然在市场上是竞争对手，但是在物流领域中却可以互相协作，共同促进行业物流系统的合理化，行业物流系统化的结果是使参与的所有企业都得到相应的利益。

例如，在日本机械行业，行业物流系统化的具体内容有：各种运输手段的有效利用；建设共同的零部件仓库，实行共同配送；建立新旧车设备及零部件的共同流通中心；建立技术中心，共同培训操作人员和维修人员；统一建设机械的规格标准等。

（3）企业物流。企业是从事商务活动，即为满足顾客需要而提供产品或服务，以盈利为目的的经济组织。一个制造企业，要首先购进原材料，然后经过若干工序的加工，最后形成产品销售出去。而运输企业则是要按照客户的要求将货物运送到指定地点。根据企业物流活动发生的先后次序，可将其划分为四部分：

① 供应物流，包括原材料等一切生产资料的采购、进货、运输、仓储、库存管理和用料管理。

② 生产物流，包括生产计划与控制、厂内运输（搬运）、在制品仓储与管理等活动。

③ 销售物流，包括产成品的仓储、库存管理、运输、订货处理与顾客服务等活动。

④ 回收和废弃物物流，包括旧物资、边角余料等的回收利用；各种废弃物的处理（废料、废气、废水等）回收等。

4. 按照物流作业执行者的不同进行分类

（1）企业自营物流。这是指生产制造企业自行组织的物流。一般来说，工业企业自营物流包含两个层次。

① 物流功能自备。就如同我们在传统企业中看到的那样，企业自备仓库、自备车队等，企业拥有一个自我服务的体系。其中又包含两种情况：一是企业内部各职能部门彼此独立地完成各自的物流使命；二是企业内部设有物流运作的综合管理部门，通过资源和功能的整合，专设企业物流部或物流公司来统一管理企业的物流运作。

② 物流功能外包。一是将有关的物流服务委托给物流企业去做，即从市场上购买有关的物流服务，如由专门的运输公司负责原料和产品的运输；二是物流服务的基础设施为企业所有，但委托有关的物流企业来运作，如请仓库管理公司来管理仓库，或请物流企业来运作管理现有的企业车队。从产业进化的角度来看这是一个趋势；三是企业既不拥有物流服务设施，也不设置功能性的物流职能部门，而是通过整合市场资源的办法获得相应的物流服务，包括供应链的设计、物流服务标准的制定、供应商和分销商的选择等，直至聘请第三方物流企业来提供一揽子的物流服务。

（2）第三方物流（Third-Party Logistics，简称 3PL，也简称 TPL）。第三方物流的概念源自于管理学中的 Out-souring，意指企业动态地配置自身和其他企业的功能和服务，利用外部的资源为企业内部的生产经营服务；将 Out-souring 引入物流管理领域，就产生了第三方物流的概念。所谓第三方物流是指生产经营企业为集中精力搞好主业，把原来属于自己处理的物流活动，以合同方式委托给专业物流服务企业，同时通过信息系统与物流企业保持密切联系，以达到对物流全程管理和控制的一种物流运作与管理方式。因此第三方物流又叫合同制物流。

讨论

根据导入案例反映的信息，你能补充几种物流的例子，并把他们归类吗？

三、物流的基本理论

（一）“商物分离”理论

商流与物流关系密切，物资的流通活动通常包括两个方面：一是商流活动，如洽谈、支付等，商流的特点是灵活、机动、活跃、相对成本低；二是物流活动，如运输、储存等，物流的特点是消耗大量人力、物力、财力，因此应选择最优路线、一次性完成、避免重复操作。商流和物流活动的不同特征，决定了两者在经济活动中应该分离开独立进行，如果商品的交易过程和实物的运动过程路线完全一致，往往会发生实物的物流路线迂回、倒流、重复等不合理现象，从而造成资源和运力的浪费。

商物分离就是在物资流通过程中将商流和物流活动分离开进行，使它们按照各自的规律和渠道进行独立的运动。商物分离是经济运行规律的必然体现，是提高社会经济效益的需要，也是企业现代化发展的需要。

（二）“黑大陆”理论

著名的管理学权威彼得•德鲁克曾经讲过：“流通是经济领域里的黑暗大陆。”德鲁克泛指的是流通，但由于流通领域中物流活动的模糊性尤其突出，是流通领域中人们更认识不清的领域，所以“黑大陆”说法主要针对物流而言。如果理论研究和实践探索照亮了这块人们尚未完全认识、完全了解的“黑大陆”，那么摆在人们面前的就可能是一片宝藏之地。“黑大陆”理论也可以理解为，物流这个领域未知的东西还很多，理论和实践皆不成熟。

（三）“物流冰山”理论

“物流冰山”理论是日本早稻田大学的西泽修教授提出来的。他在专门研究物流成本时发现，现行的财务会计制度和会计核算方法都不能完全掌握物流费用的实际情况。一般来说，在企业的财务统计数据中，只能看到对外支付的一些物流费用，如委托运输的费用，而实际上更多的产生在企业内部的物流费用不容易单独统计核算。例如，企业物流基础设施的折旧费、企业利用自备车辆的运输费用、自己的生产工人进行包装、装卸等人力成本费用，很可能被统计到生产费用、销售费用等科目中。也就是说，我们看到的只是物流成本的一小部分，只是冰山的一角，更多的部分隐藏在海面之下未被我们准确掌握。

（四）"第三利润源"理论

"第三利润源"理论出自日本，是对物流潜力及效益的描述。人类历史上曾经有两个大量提供利润的领域。一是资源领域，挖掘对象是生产力中的劳动对象。这一阶段，市场商品匮乏，制造企业扩大生产能力、提高产量、降低生产成本，以此来创造更多的利润。也就是说，"第一利润源"是劳动对象。二是人力资源领域，挖掘对象是生产力中的劳动者。人力领域最初是廉价劳动，其后则是依靠科技进步提高劳动生产率，降低人力消耗或采用机械化、自动化来降低成本，增加利润，这是"第二利润源"。

随着生产力水平的提高，前两个利润源潜力越来越小，利润开拓越来越困难，这时物流领域的潜力被人们所重视，于是出现了"第三利润源"说。"第三利润源"理论认为：物流活动和其他独立的经济活动一样，不仅是成本构成因素，也可以是盈利因素，物流可以成为利润中心；从物流服务角度来说，通过有效的物流服务，可以给接受物流服务的生产企业降低物流成本、提高物流服务水平，从而成为生产企业的第三利润源泉；宏观上看，通过有效的物流服务，可以优化社会经济系统和整个国民经济的运行，降低整个社会的运行成本，提高国民经济总效益。

（五）"效益背反"理论

"效益背反"理论是指一种活动的高成本，会因另一种物流活动成本的降低或效益的提高而抵消的相互作用关系。

例如，物流系统的运输、储存、配送、装卸、包装等基本功能之间就存在着"此消彼长"的效益背反现象。例如，在货物年需求量不变的情况下，为减少仓储费用降低库存而采取小批量订货策略，这将导致运输次数增加和运输成本的上升；再比如，简化包装可以减少包装费用，但储存货物时的堆放高度随之降低、储存成本增加，以及装卸搬运和运输过程中的破损费用增加。

"效益背反"现象，不仅存在于物流系统的各功能要素之间，物流服务和物流成本之间也存在这种关系。例如，采用定时定量配送就要增加人力、车辆等，增加了费用，但提高了配送服务的水平；要提高供货率，就必须增加库存、增加保管费等。

任务二 认知物流系统的概念和要素

任务情境

南美洲厄瓜多尔中部科托帕希火山地区地势险要，山高林密，但是常年气候温暖，雨水丰富，是盛产玫瑰花和其他珍贵花卉的好地方。根据鲜花种植专家测定，玫瑰花从农场收割之后，在正常情况下可以保鲜 14 天。科托帕希农场收割的玫瑰花经过包装，在晚上 8 时前运往基多飞机场，第二天就可直抵美国的迈阿密。按理说，美国人甚至加拿大人有足够的时间去欣赏来自南美洲厄瓜多尔的新鲜玫瑰花。但是在物流过程中由于经常遇到一些不确定因素，总是会出现事与愿违、令人不愉快的事情。例如，航班晚点、飞机舱容不够等，有时甚至出现把玫瑰花箱子装在客机底部货舱内的情况，飞机在高空飞行时，货舱的气温很低，玫瑰花很容易被冻坏。

布里恩的“农场直达”花卉公司，分别与联邦快递公司和联合包裹速递服务公司签订了有关提供一体化快递服务的合同，通过他们的运输服务把鲜花直接运送到美国各地，而不再搭乘民航飞机。首先“农场直达”花卉公司将所有的玫瑰花在科托帕希农场收割后，立即现场包装，每 150 株玫瑰花包成 1 盒；然后装入专用的冷藏集装箱，运送到厄瓜多尔首都基多的国际机场；在这里联邦快递、联合包裹的货运飞机，满载刚收割的玫瑰花，飞往迈阿密国际机场；最后，在迈阿密机场，经过简短的交接手续，鲜花被装载到专程前来接运的集装箱卡车或者国内航空班机上，直接运送到各地的物流配送服务站、超级市场和大卖场，再通过它们飞速传送到北美大陆各大城市街道上的花店、小贩和消费者手中。一体化快递服务给“农场直达”花卉公司带来准时、稳定的物流服务，公司的玫瑰花生意好做多了。

现在，由于花卉运输管理非常有效，物流服务稳定可靠，“农场直达”花卉公司向消费者承诺，从他们那里批发销产的新鲜玫瑰花可以在家里放置至少 4 天而不败。

（资料来源：美国迈阿密的花卉物流系统，中国远航航务公告[J]，2003，03.）

问题：1. 你对这家布里恩“农场直达”花卉公司的经营方式有什么想法？

2. 通过此案例，你如何认识和理解物流系统？

任务要求

通过学习任务二，达到以下目标：

1. 能说明什么是物流系统。

2. 掌握组成物流系统的要素有哪些。

知识准备

一、物流系统的定义

（一）系统和物流系统

系统一词，来源于古希腊语，是由部分构成整体的意思。系统论认为，自然界及人类社会中的任何事物都是以系统的形式存在的。系统通常由一组功能相互关联的要素、变量组成统一的整体。系统的形成应具备下列条件：

（1）系统由两个或两个以上要素组成。

（2）各要素间相互关联，使系统保持相对稳定。

（3）系统具有一定的结构，从而使系统具有特定的功能。

系统管理的一般原则是，不仅关注单个变量，而是关注多个变量作为一个整体是如何相互作用的。

物流本身就是一个系统，而且是非常复杂的系统。对物流的认识和理解，要从全局出发，以全面的眼光去观察和分析。

物流系统是指按照计划为达成物流目的而设计的相互作用的各要素的统一体。物流系统的目的是实现产品的空间效益和时间效益。构成物流系统的各要素处在动态变化之中，它们相互作用、相互依赖、相互制约而形成一个统一体，并具备包装、装卸搬运、运输、储存、流通加工、配送和信息处理等功能，物流系统是社会经济大系统的一个组成部分。

（二）物流系统的模式

物流系统的基本模式和一般系统一样，具有输入、转换及输出三大功能，通过输入和输出使系统与社会环境进行交换，使系统和环境相依而存，而转换则体现这个系统带有特点的系统功能。

物流系统的模式如图 1-1 所示。物流系统的输入包括自然资源（土地、设施、设备）、人、财、物和信息资源；物流系统的处理过程就是通过管理主体对物流活动及这些活动所涉及的资源进行计划、执行、控制，最终高效完成物流任务；物流系统输出就是物流服务，即为满足客户需求所实施的一系列物流活动产生的结果，如实现了物的空间转移、提供物流信息服务、流通加工改变了物的部分形质效用等。

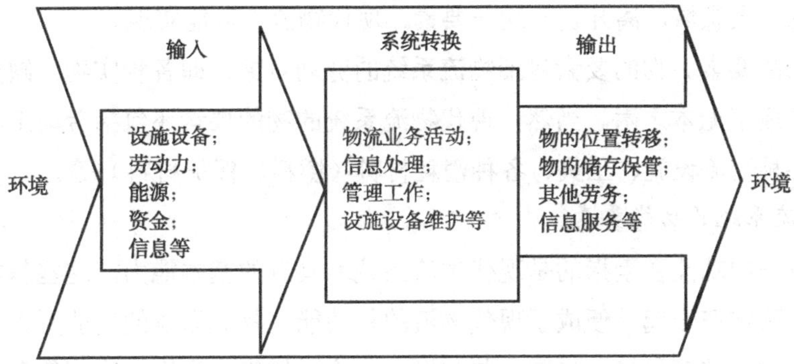

图 1-1　物流系统的模式

物流系统除具有目的性、整体性、相关性、环境适应性等一般系统所共有的特点外，还具有以下特征：

（1）物流系统是一个大跨度系统，这反映在两个方面：一是地域跨度大；二是时间跨度大。

（2）物流系统稳定性较差而动态性较强。

（3）物流系统属于中间层次系统范围，本身具有可分性，可以分解成若干子系统，如运输子系统、仓储子系统等。

（4）物流系统的复杂性使系统结构要素间有非常强的“背反”现象，常称之为“交替损益”或“效益背反”现象，处理时稍有不慎就会出现系统总体恶化的结果。

二、物流系统的要素

现代物流系统的要素由四方面构成，如图 1-2 所示。

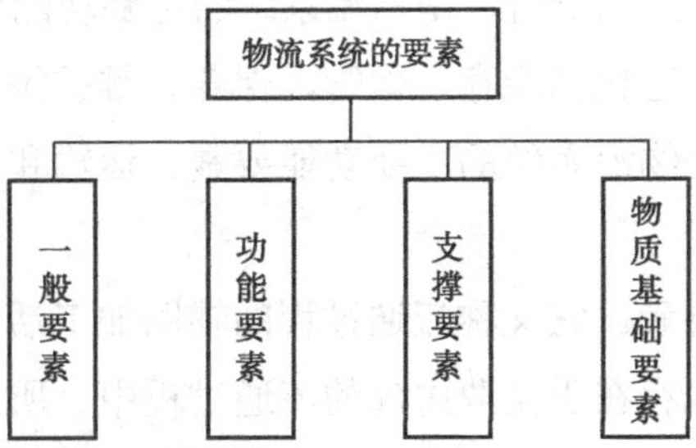

图 1-2　物流系统的要素

1. 物流系统的一般要素

（1）劳动者要素。它是现代物流系统的核心要素、第一要素。提高劳动者的素质，是建立一个合理化的现代物流系统并使它有效运转的根本。

（2）资金要素。交换是以货币为媒介的。实现交换的现代物流过程，实际也是资金的运动过程。同时，物流服务本身也需要以货币为媒介，现代物流系统建设是资本投入的一大领域，离开资金这一要素，现代物流不可能实现。

（3）物的要素。物的要素包括物流系统的劳动对象，即各种实物。缺少了它，物流系统便成了无本之木。当然，现代物流系统的物的要素还包括劳动工具、劳动手段，如各种物流设施、工具、各种消耗材料（燃料、保护材料）等。

2. 物流系统的功能要素

物流系统的功能要素指的是现代物流系统所具有的基本能力，这些基本能力有效地组合、联结在一起，便成了现代物流的总功能。物流系统的功能要素一般认为有采购、运输、储存保管、包装、装卸搬运、流通加工、配送、物流信息等，如果从物流活动的实际工作环节来考察，现代物流主要由上述八项具体工作构成。换句话说，现代物流能实现这八项功能。

（1）采购功能要素。随着物流管理的内涵日益拓宽，采购功能在企业中越来越重要，要真正做到低成本、高效率地为企业生产经营服务，采购需要涉及企业的各个部门。采购的功能是：选择企业各部门所需要的适当物料、从适当的来源、以适当的价格、适当的送货方式（包括时间和地点）获取适当数量的这些原材料。

（2）包装功能要素。它包括产品的出厂包装、生产过程中在制品、半成品的包装，以及在物流过程中换装、分装、再包装等活动。

（3）装卸搬运功能要素。对运输、保管、包装、流通加工等物流活动进行衔接都需要进行装卸搬运活动，在保管等活动中为进行检验、维护、保养等也经常会伴随产生装卸搬运活动。装卸搬运广泛地、频繁地存在于物流系统中。

（4）运输功能要素。它包括供应及销售物流中的车、船、飞机等方式的运输，这一功能要素创造了物的空间价值，是物流系统的主要功能要素。

（5）储存功能要素。它包括堆存、保管、保养、维护等活动。这一功能要素创造了物的时间价值，也是物流系统的主要功能要素。运输和仓储被认为是物流系统的两个支柱环节。

（6）流通加工功能要素。它又称流通过程的辅助加工活动。这种加工活动不仅存在于社会流通过程，也存在于企业内部的流通过程中。所以，它实际上是在物流过程中进行的辅助加工活动。企业、物资部门、商业部门为了弥补生产过程中加工程度的不足，更有效地满足用户或本企业的需求，更好地衔接供需，往往需要进行这种加工活动。

（7）配送功能要素。配送是现代物流在发展过程中逐步形成的，以配送、送货形式最终完成社会物流并最终实现资源配置的活动。配送作为一种现代流通方式，集经营、服务、社会集中库存、分拣、装卸搬运于一身，已不是单单一种传统的送货活动所能包含的。

（8）物流信息功能要素。它包括进行与上述各项活动有关的计划、预测、动态信息及有关的费用情报、生产情报、市场情报活动。

上述功能要素中，运输及储存保管分别解决了供给者和需要者之间场所和时间的分离，分别是物流创造“空间效用”和“时间效用”的主要功能要素，因而在现代物流系统中处于主要功能要素的地位。

3. 现代物流系统的支撑要素

现代物流系统的建立需要有许多支撑条件，尤其是处于复杂的社会经济系统中，要确定现代物流系统的地位，要协调与其他系统的关系，这些要素必不可少。其主要包括：

（1）体制制度。物流系统的体制制度决定了物流系统的结构、组织、领导、管理方式，国家对其控制、指挥和管理是现代物流系统的重要保障。有了这个支撑条件，现代物流系统才能确立其在国民经济中的地位。

（2）法律法规、行政命令。现代物流系统的运行，都不可避免地涉及企业及公民个体的权益问题，法律法规和行政命令一方面限制和规范物流系统的活动，使之与更大系统协调；另一方面合同的执行、权益的划分、责任的确定都靠法律法规来给予其保障。

（3）标准化系统。标准化是保证物流环节协调运行，保证现代物流系统与其他系统在技术上实现联结的重要支撑条件。

4. 现代物流系统的物质基础要素

现代物流系统的建立和运行，需要大量技术装备手段，这些手段的有机联系对现代物流系统的运行有决定意义。这些要素对实现物流的功能也是必不可少的，通常包括：

（1）物流设施。它是组织现代物流系统运行的物质基础条件，包括物流站、场；物流中心、仓库；物流线路，包括公路、铁路、航道、航线等。

（2）物流设备。它是保证现代物流系统运行的物质条件，包括仓库货架、进出库设备、加工设备、运输设备、装卸机械等。

（3）信息技术及网络。它是掌握和传递物流信息的手段，根据所需信息水平不同，包括通信设备及线路、传真设备、计算机及网络设备等。

（4）组织及管理制度。它是物流网络的“软件”，起着联结、调度、运筹、协调、指挥各要素以保障物流系统目的实现的作用。

讨论

结合案例，查找资料，说说“农场直达”花卉公司与联邦快递、联合包裹构建的鲜花物流系统，其一般要素、功能要素、支撑要素、物质基础要素有哪些？

三、物流系统的构成与作用

（一）物流系统的构成

按现代物流系统的结构划分，企业的物流系统分为作业系统和信息系统。作业系统包括运输、保管、装卸搬运、包装、流通加工等活动；信息系统包括物流作业系统中的下达活动指令、实时控制和反馈协调等信息活动。

从物流系统的组成内容看，物流系统的构成包括物流系统的范围、物流系统的构成要素、物流系统的各种关系、系统的层次结构等。物流系统的范围既包括生产过程的物流活动，又包括流通过程中的物流活动。它从原材料的采购，到生产过程中形成半成品、成品，并将其包装后分类运输到各流通中心，最后送达消费者或消费地点。由此可见，物流系统的范围横跨生产、流通和消费三大领域。

（二）物流系统的作用

降低物流成本，是物流系统的主要目标之一，但不是唯一目标。实践中，物流系统许多时候并不总是追求物流成本的最低，还追求速度最快、保证生产、促进销售等。因此，物流系统的目标除降低物流成本外，还包括时效、服务、调节供求等目标。物流系统整体优化的目的就是要使输入量最少，输出的物流服务效果最佳。

（1）快速、及时目标。及时性不但是服务性的延伸，也是流通对物流提出的要求。快速、及时既是一个传统目标，更是一个现代目标，随着流通领域竞争的加剧，这一目标更加重要了。在物流领域采取的诸如直达物流、联合一贯运输、当日达、即时送等管理方法和技术手段，就是这一目标的体现。

（2）节约目标。节约是经济领域的重要规律，在物流领域中除流通时间的节约外，由于流通过程消耗大而又基本上不增加或提高商品使用价值，所以通过节约来降低投入，是提高相对产出的重要手段。

（3）规模化目标。以物流规模作为物流系统的目标，是以此来追求“规模效益”。生产领域的规模化生产可以降低成本、提高利润，这是早已为社会所承认的。物流系统相比生产系统，其稳定性较差，因而难于形成标准的规模化模式。物流系统在考虑留有必要的发展余地情况下，规模大小应该适当。物流系统的水平应根据需求合理确定，如机械化与自动化程度、信息系统所要求的设备类型等，此项目标的设定对投资成本的影响很大。

（4）库存调节目标。它是服务性的延伸，也是宏观调控的要求，当然，也涉及物流系统本身的效益。在物流领域中，正确确定库存方式、库存数量、库存结构、库存分布就是这一目标的体现。

【巩固提高】

一、填空题

1．原材料等一切生产资料的采购、进货、运输、仓储、库存管理和用料管理属于________。

2．生产计划与控制、厂内运输（搬运）、在制品仓储与管理等活动属于______。

3．运输及储存保管分别解决了供给者和需要者之间场所和时间的分离，分别是物流创造“__________”和“__________”的主要功能要素。

4．独立于供需双方，为客户提供专项或全面的物流系统设计及系统运营的物流服务的模式是___________。

5．销售物流、供应物流、生产物流等都属于____________。

二、单选题

1．物流系统目标除（　　）这一主要目标外，还包括时效、服务、调节供求等目标。

A．安全运输　　B．降低物流成本　　C．提供优质服务　　D. 实现网络化

2．产成品的库存管理、仓储、运输属于（　　）

A．回收物流　　B．销售物流　　C．供应物流　　D．生产物流

3．现代物流系统的核心要素、第一要素是（　　）。

A．资金要素　　B．运输功能要素

C．劳动者要素　　D．配送功能要素

4．社会物流是全社会物流的整体，因此社会物流带有宏观性和广泛性，所以也称之为大物流或（　　）物流。

A．微观　　B．动态　　C．宏观　　D．系统

5．以合同方式委托给专业物流服务企业，同时通过信息系统与物流企业保持密切联系，以达到对物流全程管理和控制的一种物流运作与管理方式为（　　）。

A．供应物流　　B．区域物流　　C．第三方物流　　D．货运代理

三、多选题

1．以下哪些选项属于企业物流（　　）。

A．供应物流　　B．销售物流　　C．社会物流　　D．行业物流

2．物流系统具有下列哪些特点（　　）。

A．目的性　　B．相关性

C．环境适应性　　D．目标多样性

3．现代物流系统的功能要素有（　　）。

A．物流信息　　B．物流工具　　C．标准化系统　　D．包装

4．物流系统是指由相关设施设备、人员及信息等若干要素所构成的具有特定功能的有机整体。物流系统的目的是实现物的（　　）和（　　）。

A．空间效益　　B．时间效益　　C．经济效益　　D．环境效益

5．现代物流系统的物的要素包括劳动对象，还包括（　　）、（　　），如各种物流设施、工具、各种消耗材料（燃料、保护材料）等。

A．劳动手段　　B．劳动工具　　C．劳动资金　　D．工作环境

项目二

认知物流活动

项目目标

1. 能说出物流活动与生产活动、商贸活动的区别。

2. 了解运输作业的内容，知道运输产品的衡量指标。

3. 熟悉五种运输方式各自的特点和适用。

4. 掌握仓储作业的内容及相关术语的含义。

5. 理解包装与装卸搬运在物流系统中的作用。

6. 理解流通加工与配送在物流系统中的作用。

7. 理解物流信息的特点及物流信息系统的作用。

8. 了解增值物流活动的内容及意义。

任务一　对物流活动进行分类

任务情境

某国家“5A”级物流企业，是我国公路快运行业的一家企业，现开发了定日达、零担运输、整车特运等产品，为客户提供快速高效、便捷及时、安全可靠的服务体验。定日达产品以准时、安全、优质服务深受客户好评，是该物流企业的主要产品。定日达的每辆运输车上都安装了GPS全球定位系统，能实现运输过程全程追踪，实时监控，并通过严格控制发车时间、在途时间等，来确保客户的货物准点到达；定日达专车从发车至到达全程封闭，确保客户的货物安全抵达；定日达通过专业的客服团队及全国统一的客服电话，为客户提供一对一的贴心服务，免费为发货方提供到货通知，使其第一时间获取到货信息。

除此之外，该物流企业还开展了代收货款、提供专业的包装解决方案、物流方案优化等业务。该物流企业提供运输服务的同时代收货款，将收到的货款及时转入发货客户的账号，帮助企业及时回笼资金；安全的包装是物流活动的起点，该物流企业提供抗压纸箱、纤维编织袋等包装材料，根据货物的形状、性质等特点，为客户量身定制专业的包装方案，减少运输、仓储环节的货损；该企业有专业的物流人才形成的团队，能够为企业设计物流系统、优化物流方案。物流服务水平的提高，能够帮助客户企业增强其核心竞争力，从而使得物流成为企业的“第三利润源”。

（资料来源：http://www.hoau.net/how/bse/drdIntroduction.action）

任务要求

结合任务情境，回答以下问题：

1. 这家物流企业都开展了哪些物流活动？
2. 你能对这家物流企业开展的物流活动进行分类吗？分类的依据是什么？

知识准备

一、物流活动的含义及分类

（一）物流活动的含义

生产制造活动改变了原材料的形状、性质，生成了具有一定使用价值的产品；

而物流活动不创造作业对象的形质效用，它克服供给方和需求方在空间、时间方面的矛盾，创造空间价值和时间价值，在社会经济活动中起着不可缺少的作用。我国物流企业开发经营的一些运输产品，如定日达、公路零担、整车特运等，就是以改变物品的空间位移为主要内容，从而创造空间价值，保障客户企业生产经营活动的正常进行。

根据我国国家标准《物流术语》，物流活动是指物流过程中的运输、储存、装卸、搬运、包装、流通加工、配送等功能的具体运作。

物流系统通常认为由七项功能要素构成：运输、储存、包装、装卸搬运、流通加工、配送和信息处理。其中运输与储存分别解决了供给者和需求者之间在场所和时间方面的分离问题，分别创造了空间效用和时间效用；物流信息系统起到支撑物流系统运作的功能，是促进物流系统合理化的要素；配送最能体现物流系统最终的服务功能，是完善物流系统服务功能的要素；流通加工是物流过程中形成部分形质效用的要素；包装和装卸搬运在物流过程中起到衔接各环节的作用，它们的存在必不可少，但同时又消耗大量人力、物力，容易造成货损、货差，是影响物流成本的要素。

物流活动是指物流过程中的运输、储存、装卸搬运、包装、流通加工、配送和信息处理等功能的具体运作。

（二）物流活动的分类

传统的物流活动，如运输、仓储，其提供服务的核心主要是保值。比如运输一台机械设备，作业内容之一就是要保证运输对象不发生形变等货损；再比如储存一批水果，作业内容之一就是要科学保管，保持水果在储存期间的新鲜程度。这类物流活动在生产生活中必不可少，但它们都消耗费用。运输活动是生产生活中不可缺少的，但在组织运输活动时，我们要本着最短路线、最低成本、最少中转的原则来组织完成，以减少不必要的费用消耗。所以传统物流活动的特点是：必不可少，不得不做；消耗大量的能源和劳务费用。因此，在物品保值的前提下，尽可能以最科学的方法、手段来完成这类物流活动，以减少费用的消耗。

随着消费多样化、生产柔性化、流通高效化时代的到来，社会和客户对物流服务的要求越来越高，单纯的运输、仓储服务已不能满足客户的需求。物流企业必须围绕着客户所期望的商品、传递时间及质量来开展具有增值性的物流活动，如代收货款、物流方案设计、物流系统优化等，来帮助客户降低物流成本、提高产品对市场的反应速度，增强客户企业的市场竞争力。这类物流活动以为客户创造价值为目标，通过高效的物流活动提高企业生产经营的质量和效率，从而为企业创造价值，为社会节省物流费用。这类活动要尽可能多地开展。

因此，我们可以将物流活动分为基本物流活动和增值物流活动。其中，基本物流活动是指运输、仓储、配送、装卸搬运、包装、流通加工、信息处理这些活动，其活动目标和核心主要是“保值”；增值物流活动，则是指物流系统方案设计、物流系统优化等独特或特别的活动，其目标和核心主要是“增值”，为客户创造价值增长点。增值物流活动是在基本物流活动的基础上，对客户的物流需求细分再细分，对服务内容创新再创新的过程。

讨论

1. 任务情境中的物流企业开展了哪些基本物流活动？

2. 任务情境中的物流企业开展了哪些增值物流活动？

3. 对于物流企业来说，基本物流活动和增值物流活动哪个更重要？

任务情境中的物流企业开展的物流活动，既包括基本物流活动，也包括增值物流活动。运输、仓储等基本物流活动，对于客户企业来说，必不可少，不得不做，但这种基本物流活动越多，企业的经营成本越高；对于物流企业来说，他希望客户企业有更多的物流委托业务，业务越多越好。对这类业务，物流企业基本上按照同一标准开展基本物流活动。物流方案设计、物流系统优化等增值物流活动的开展，情况则不相同了。开展增值物流活动，物流企业是站在客户企业的角度，本着为客户企业降低物流成本的原则，来对其原有物流业务进行优化。对于这类物流活动，客户企业不再只是增加成本了，而是反过来节约物流成本，也就是说，这类活动为客户企业在物流方面创造了价值。

二、物流活动的主体

（一）物流企业

物流活动广泛存在于生产、流通领域，物流活动的主体可以是生产制造企业，也可以是商贸流通企业，它们采用自给自足的方式独立完成所需的各项物流活动。随着社会分工越来越细，生产制造企业越来越多地倾向于将物流业务外包给专门的物流企业来运作。

物流企业是指从事运输（含运输代理、货运快递）或仓储等业务，并能够按照客户物流需求对运输、储存、装卸搬运、包装、流通加工、配送等进行组织和管理，具有与自身业务相适应的信息管理系统，实行独立核算、独立承担民事责任的经济组织。

《物流企业分类与评估指标》将物流企业分为：运输型物流企业、仓储型物流企业和综合型物流企业。综合型物流企业应同时符合以下要求：

（1）从事多种物流服务业务，可以为客户提供运输、货运代理、仓储、配送等多种物流服务，具备一定规模。

（2）根据客户的需求，为客户制定整合物流资源的运作方案，为客户提供契约性的综合物流服务。

（3）按照业务要求，企业自有或租用必要的运输设备、仓储设施及设备。

（4）企业具有一定运营范围的货物集散、分拨网络。

（5）企业配置专门的机构和人员，建立完备的客户服务体系，能及时、有效地提供客户服务。

（6）具备网络化信息服务功能，应用信息系统可对物流服务全过程进行状态查询和监控。

该标准将物流企业按等级划分为 AAAAA、AAAA、AAA、AA、A 五个等级，AAAAA 等级最高，依次降低。

（二）物流园区

为了实现物流设施集约化和物流运作共同化，或者出于城市物流设施空间布局合理化的目的而在城市周边等各区域，集中建设的物流设施群与众多物流业者在地域上的物理集结地，称为物流园区。物流园区是物流节点集中组织和管理的场所，其依托规模化的物流设施设备，对物流活动进行综合处理，从而达到降低物流运营成本、提高物流运作效率和水平的目的，是具有产业发展性质的经济功能区。

物流园区的功能主要分为两个方面：首先是社会功能，主要包括促进区域经济发展、完善城市功能、整合区域资源及提升产业竞争力等；其次是业务功能，主要包括运输、仓储、包装、装卸搬运、流通加工、配送、信息与咨询服务等。物流园区从空间上积聚了产业链上下游企业，从功能上涉及生产、加工、销售、配送等供应链各个环节，通过合理的空间布局、有机的功能组合、优化的资源配置及信息系统整合发挥其系统整体优势。

2013 年国家发改委等部门发布的《全国物流园区发展规划（2013—2020 年）》，明确了全国物流园区的发展目标和总体布局，北京、天津等 29 个城市被确定为一级物流园区布局城市，石家庄、邯郸等 70 个城市被确定为二级物流园区布局城市。物流园区布局城市可根据实际需要建设货运枢纽型、商贸服务型、生产服务型、口岸服务型和综合服务型等不同类型的物流园区。到 2020 年，我国将基本形成布局合理、规模适度、功能齐全、绿色高效的全国物流园区网络体系。

讨论

1. 利用网络查找一个 5A 级物流企业，并介绍它的基本业务。

2. 利用网络查找一个物流园区，并说明这个物流园区的主要功能。

任务二　掌握基本物流活动的内容

任务情境

你在“双 11”这天会通过网络购物吗？购物的感觉很爽，然后就是热切地期待快递员将宝贝送上门了。可是遇上快递爆仓就可能要等你等到心伤了！等啊等啊……

近几年，电子商务和互联网经济快速发展，对传统物流提出了配送能力更强、物流速度更快、物流服务质量更高的要求。例如，2015 年天猫“双 11”购物狂欢节总成交额 912 亿，包裹数量 4.67 亿件。如此大的快递量（如图 2-1 所示），对我国的快递物流是一场严峻的考验。

快递物流可分为三大部分：仓储、干线运输和配送。目前来说，干线运输的形式有航空、铁路、公路运输，基本能满足电子商务的需求。但仓储与配送环节的能力相对较弱、服务质量相对较低。每年“双11”后频频出现快递爆仓的新闻，就说明了仓储和配送环节的制约作用。快递爆仓是指快递公司突然间收到太多快件，来不及分拣，甚至没办法再收件，大量快件滞留在始发站或者中转站。

图 2-1 “双 11”后快递爆仓

为应对快递市场的增长，物流公司纷纷改善自己的物流硬件和软件设施，以提高物流活动的效率，提升物流服务的质量。其中成都润宝就是一个成功的案例。成都润宝，作为中国西南的第一家面向电商（天猫、京东、唯品会、淘宝等平台）的公共仓储平台，在“双 11”期间，依靠灵活的仓储应变能力和强大的软硬件设施做到了既“快”又“准”。

成都润宝之“快”——成都润宝是西南地区唯一的五星级仓储物流运营商，拥有五大仓储基地，总仓储面积近 7 万平方米。高效灵活的库内管理和配送团队能根据不同货物的情况采用不同的出货方式，立刻把货发到每个配送点，做到少库存或者无库存。

成都润宝之“准”——物流实体化建设稳健发展，个性化管理逐步建立。完美的 WSM 管理系统，有效支撑业务发展。这一套系统的使用，实现了仓储的信息化管理，尤其是针对众多 SKU 精细效率管理，都能准确无误，且同时能处理达 3000 个以上 SKU。通过 RFID 管理，以系统引导人员对众多 SKU 进行仓储精确效率管理。针对唯品会商家的 3PL 仓库和 JIT 服务，以及针对需求 1 万平方米以上的自管型仓储客户，可以在建库之前按照具体需求进行硬件设施的个性化定制修建。与此同时，对产品库内再加工、产品包装、精密拣货、包装整理、分货代发、优秀客服、数据分析等增值服务也迅速发展，使得润宝逐步占领西南电商仓储物流市场，并以核心客户的仓储物流服务拓展为契机，进一步加快仓储物流业务发展步伐。

（资料来源 http://www.chinawuliu.com.cn/xsyj/201411/18/295647.shtml）

任务要求

讨论

1. 结合自己的经历，说说你对哪家快递公司的服务更满意。
2. 上网搜索快递物流出现的安全事故，并讲一下大概过程。
3. 结合事故案例，理解快递物流活动的重要性及其社会意义。

知识准备

一、运输

根据我国的国家标准《物流术语》，运输是指用专用运输设备将物品从一地点向另一地点运送。其中包括集货、分配、搬运、中转、装入、卸下、分散等一系列操作。

按运输的对象可分为旅客运输、货物运输、行包运输，本书中的运输主要指货物运输。货物运输可以有以下几种分类：

（1）按货物运输的组织方法，通常分为整批或整车运输、零担运输和集装箱运输。

（2）按货物的运输条件，通常分为普通货物运输和特种货物运输。特种货物运输又可以分为阔大或超限货物运输、危险货物运输和鲜活货物运输等。

（3）按运输速度的不同，可分为慢运、普通货物运输和快运。

（4）按参与运输方式的多少，可分为单一方式的运输和多式联运。单一方式的运输包括铁路运输、公路运输、水路运输、航空运输和管道运输。多式联运包括铁路公路联合运输、铁路水路联合运输、公路航空联合运输等。

（一）运输方式及其特点

1. 铁路运输

铁路运输是轨道运输的一种，铁路货车在固定轨道线路上行驶，自成系统，按时刻表运行，较少受环境因素影响。轨道行驶阻力小，不需频繁启动和制动，可实现重载运输、高速运行，从而使单位运输成本比较低。但由于在专用线路上行驶，而且车站之间的距离较远，缺乏机动性；此外，运输的起点和终点常常需要汽车转运，增加了搬运次数。

通常认为，铁路运输具有运输能力大、通用性能好、运营适应性强、能耗相对较少、环境污染程度低、安全准时等优点，但也有机动灵活性差的缺点。铁路运输是我国陆上货物运输最重要的方式，承担了我国大部分资源性物资的运输任务，如煤炭、矿石、粮食、木材等。

2. 公路运输

公路运输是指经公路将货物或旅客从一地运送到另一地，以完成旅客或货物位移的陆路运输。公路运输具有机动灵活、方便直达的特点，可以实现“门到门”运输。随着高速公路、高等级公路的建设发展，汽车技术性能的改善，使得公路运输的安全性不断提高，能够适应运输市场中高价值物品，如家用电器、日用百货、鲜活易腐货物的运输。但是由于公路的单位运输批量比较小，劳动力成本和动力成本都较高，造成公路的运输成本比较高。

通常认为，公路运输可得性好、方便灵活，在陆地中短途运输中居于主导地位。同时，公路运输也是衔接其他运输方式的主要手段。

3. 水路运输

水路运输是一种历史悠久的运输方式，是利用船舶、排筏或其他水运工具在海洋、湖泊、江河、水库等天然或人工水道运送旅客和货物的一种运输方式。水路运输按船舶航行区域可划分为远洋运输、沿海运输和内河运输三种类型。远洋运输指国与国之间的海上运输；沿海运输指在国内沿海区域各港口间从事的运输；内河运输指在国内的江、河、湖泊及人工水道上从事的运输。

通常认为，水路运输具有运输能力大、运输成本低的优点；但其航速低，易受水位、季节、气候等自然条件影响。水路运输主要承担大批量、长距离的货物运输。其中远洋运输是国际间货物运输的主要方式。

4. 航空运输

航空运输是利用飞机或其他航空器在空中进行货物运输的运输方式。航空运输具有速度快、不受地形限制、运输安全性能好的优点；同时也具有运量小、成本高、需要公路运输配合、受气候条件影响大等缺点。航空运输适用于长距离、小批量的高价值货物、鲜活易腐货物或者对运输时间要求高的货物运输。

5. 管道运输

管道运输是指由钢管、泵站和加压设备等组成的利用管道加压输送气体、液体、粉状固体的运输方式。管道运输系统由管线和管线上的各个站点组成，它有一个明显区别于其他运输方式的特征，那就是运输设备静止，而其他运输方式需要运输工具与被运送的货物一起位移来完成运输。管道运输具有运量大、不受气候和地面其他因素限制、可连续作业及成本低等优点；但其通用性较差，目前只用于原油、天然气、煤浆等货物的运输。

讨论

1. 结合自己的经历，说说你对某种运输方式的了解。
2. 查找资料，结合案例，说明一种运输方式的特点。

需要注意的是，五种运输方式的优缺点都是相对而言的。比如，我们说铁路的运输能力大，公路的运输能力小，指的是单位运输能力的大小；如果从年度运量来看，我国公路的总体运输能力是高于铁路的。再以运输成本为例，不同运输方式的运输成本是随运输距离的远近而变化的。如图 2-2 所示，适合大批量货物运输的铁路、水路的运输成本优势，在运输距离较远（大于 D1）的情况下会充分体现；而适合小批量货物运输的公路，在运输距离较近（小于 D1）的情况下反而比铁路、公路运输具有成本优势。

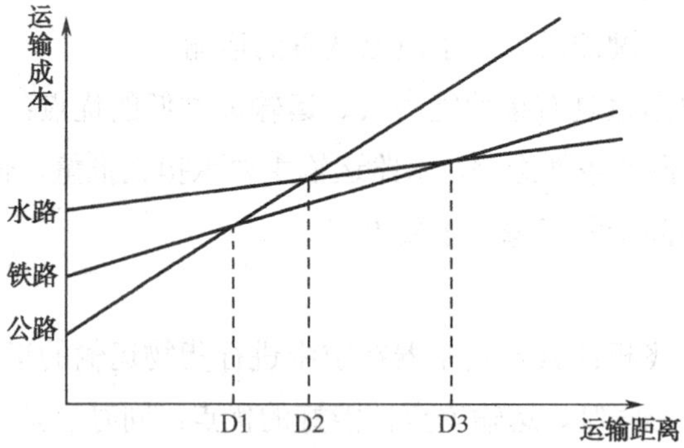

D1：铁路与公路运输费用相同时的距离
D2：公路与水路运输成本相当时的距离
D3：铁路与水路运输成本相当时的距离

图 2-2　不同运输方式的成本比较

（二）运输作业内容

运输生产通常是利用线路、站场、车辆和通信信号等技术设备，将货物从一个地点运至另一个地点。在运输过程中，通常要进行装车站的发送作业、运送途中的中转作业和终到站的到达作业等一系列的作业。

（1）装车站的发送作业。公共运输中，通常由托运人向承运人办理托运手续，经承运人受理后，完成装车作业，托运人缴纳运费，承运人将货物承运发送。

（2）途中作业。从装车站至终到站的过程中，为确保货物和车辆的安全，通常要在途中站点对运输的货物和车辆进行安全检查；有时还要在途中站办理中转作业，即将货物卸下或将车辆甩下，重新组织后再继续运输。

（3）终到站的到达作业。终到站接收货物及车辆后，先核对运输票据并进行安全检查，然后组织卸车，通知收货人来提货或送货上门。

（三）运输活动的产品

不论哪种运输方式，运输生产的产品都是旅客或货物在空间的位移。运输产品的特殊性在于它是一种服务，不具有实物形态，不能储存。

运输产品的多少，通常用货运量和货物周转量这两个指标来衡量。货运量是指运输企业在一定时期内实际运送的货物数量，其计量单位通常为“吨”；货物周转量是指一定时期内所运货物吨数与其运输距离的乘积，单位通常为“吨·千米”。1t货物被运送 1km 即完成 1t·km 的货物周转量。

运输业的产品是货物、旅客的位移，货运量的指标只能反映运送货物的数量，没有考虑运输距离，不能全面反映运输任务的数量；而货物周转量由各种运程的货物运送量和相应的货物运输距离相乘而得，能够全面反映货物运输的完成情况。根据交通运输部《2014 年交通运输行业发展统计公报》，全国不同运输方式完成的货物运输情况如表 2-1 所示。

表 2-1　2014 年不同运输方式完成的货物运输情况

运输方式	货运量（亿吨）	货物周转量（亿吨·千米）
铁路	38.13	27530.19
公路	333.28	61016.62
水路	59.83	92774.56
航空	0.05941	187.8

讨论

1. 表 2-1 的数据，反映了哪种运输方式的运量最大？其次是哪种运输方式？数据出乎你的意料吗？

2. 表 2-1 的数据，反映了哪些运输方式适合于长距离的货物运输？如何判断的？

（四）运输活动的主体

运输活动的主体，通常认为有两类。一类是生产企业、商贸企业，他们为了其生产、销售业务的需要，而自行组织运输活动。这类运输活动也可以称为自营运输。另一类则是专门化的运输企业或物流企业，他们为社会提供专门化的运输服务。这类运输活动也可以称为公共运输。

公共运输通常涉及三方当事人：承运人、托运人、收货人。承运人是指本人或者委托他人以本人名义与托运人订立货物运输合同的人；托运人是指将货物托付给承运人，并向承运人支付相应报酬的一方当事人；收货人是托运人指定的领取货物的人，公共运输情况下，收货人有时是托运人自己，但多数情况下，另有收货人。收货人作为运输合同的利害关系人，有权请求提取货物，同时及时提取货物也是收货人的义务。

二、仓储

根据我国的国家标准《物流术语》，仓储是指利用仓库及相关设施设备进行物品的入库、存储、出库的活动。“仓”可以理解为仓库，是储存、保管货物的场所，是名词；“储”可以理解为储存，指保护、管理、储藏物品，是动词。“仓储”则是利用仓库等场所储存、保管物品的活动。

仓储是物流系统的一个重要子系统，在物流系统中起着缓冲、调节和平衡的作用。仓储和运输被看作物流系统的两大支柱。

（一）仓储作业的主要内容

仓储作业是指从商品入库到商品出库的整个仓储作业全过程，主要包括入库作业、在库管理和出库作业等内容。

1. *入库作业*

入库作业包括商品接运、入库验收、办理入库手续等一系列业务活动。

（1）商品接运。商品接运是指仓库对于通过铁路、水路、公路、航空等方式运达的商品，进行接收和提取的工作。接运的主要任务是准确、齐备、安全地提取和接收商品，为入库验收和检查做准备。

接运的方式主要有：车站码头提货、铁路专用线接车、自行提货和库内提货。

（2）入库验收。入库验收主要进行数量点收和质量检验两方面的工作。数量点收即根据商品入库凭证清点商品数量，检查商品包装是否完整，数量是否与凭证相符。质量检验是按照质量规定标准，检查商品的质量、规格和等级是否与标准符合，对于技术性强，需要用仪器测定分析的商品，须有专职技术人员进行。

（3）办理入库手续。入库手续主要是指交货单位与库管员之间所办理的交接工作。其中包括：商品的检查核对，事故的分析、判定，双方认定后签字。仓库一方面给交货单位签发接收入库凭证，并将凭证交给会计统计入账、登记；一方面安排货位，明确保管要求。

2. *在库管理*

在库管理的主要任务：根据商品性质和仓储条件，对储存的商品安排适宜的储存场所，合理堆码，妥善苫垫，即做好物品保管工作。

（1）堆码作业。为了有效利用货位，便于清点货物，通常将物品合理堆码成货垛。货垛是为便于保管和装卸、运输，按一定要求被分类堆放在一起的一批物品。将物品整齐、规则地摆放成货垛的作业就是堆码。

（2）保管作业。保管是对物品进行储存，并对其进行物理性管理的活动。库存商品或慢或快地在发生着质量方面的变化，如挥发、溶化、熔化、氧化、老化等。保管活动不能也不应改变商品本身的特性，能控制和改变的是储存条件，合理、正确地采用各种有效的防虫蛀、锈蚀、霉变、冻损、爆燃、挥发、溶化、污染等商品养护方法，保障商品安全。

（3）盘点作业。盘点作业是指对在库的物品进行账目和数量上的清点作业。从内容上来看，盘点作业包括：查数量，即通过点数计数查明物品在库的实际数量，核对库存账面资料与实际库存数量是否一致；查质量，即检查在库物品质量有无变化，有无超过有效期和保质期，有无长期积压等现象，必要时还必须对物品进行技术检验；查保管条件，即检查保管条件是否与各种物品的保管要求相符合。

3. 出库作业

出库作业是仓库根据业务部门或存货单位开出的商品出库凭证（提货单、调拨单等），按其所列商品名称、规格、型号、数量等项目，组织商品出库等一系列工作的总称。商品出库是商品储存阶段的终止，也是仓库作业的最后一个环节，它使仓库工作直接与运输单位和商品使用单位发生联系，出库作业流程如图 2-3 所示。

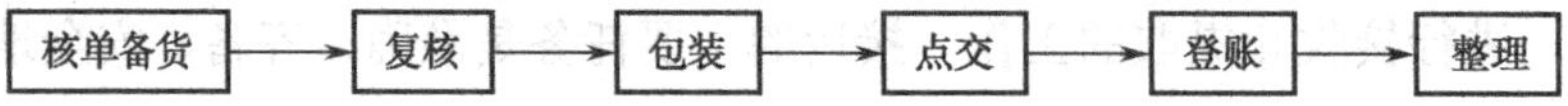

图 2-3 出库作业流程

（1）核单备货。商品出库（包括移库、过户、提取样品等）必须有正式凭证。仓库要认真审查提货凭证，在有效期内发货。除审核凭证的真实性、有效期外，需要核对商品的品名、型号、规格、数量、收货单位等信息。审核凭证之后，按照凭证所列项目备货。仓管人员应本着“先进先出、易霉易坏先出、接近有效期先出”的原则备货。备货完毕后要及时变动料卡余额数量，填写实发数量和日期。

（2）复核。对于出库商品，必须按凭证所列项目逐项复核，做到数量准确、质量完好、包装牢固、标志清楚，并向提货人或运输人员办清交接。为防止差错，备货后应立即进行复核。出库的复核形式主要有专职复核、交叉复核和环环复核三种。此外，在发货作业的各个环节上，都贯穿着复核工作。

（3）包装和点交。出库的商品如果包装不能满足运输部门或用户的要求，应进行包装。商品经复核后，需要办理交接手续，当面将商品交接清楚。交清后，提货人员应在出库凭证上签章。

（4）登账和整理。点交后，仓管人员应在出库单上填写实发数、发货日期等内容，并签章。整理包括现场清理和档案整理。现场清理包括清理库存商品、库房、场地、设备等；档案整理是指对收发、保养、盈亏数量等情况进行整理。

由于仓储作业主要是克服生产与消费在时间、数量上的不均衡问题，仓储对象又多种多样，因此仓储作业具有过程的非连续性、作业量的不均衡性及作业对象的复杂性等特点。

（二）仓储活动的主体

仓储活动的主体通常认为是仓库，仓库可分为自营仓库和公共仓库。自营仓库是指由企业或各类组织自营自管，为自身提供储存服务的仓库；公共仓库则是指面向社会提供物品储存服务并收取费用的仓库。

根据我国有关法规的规定，公共仓库，即营业仓库必须具备以下条件：

（1）具有与存放商品性质相适应的库房或场所。

（2）具有保障库存商品安全的相应设施、设备。

（3）配备一定数量的仓库管理人员和商品储藏养护技术人员。

营业仓库，必须根据现有设施条件，相应接受货主委托储存的商品，超出范围，均不得接受委托。根据《物流业发展中长期规划（2014—2020年）》，我国支持从制造企业内部剥离出来的物流企业发挥专业化、精益化服务优势，积极为社会提供公共物流服务。

根据我国《合同法》，仓储活动的双方当事人，可以称为保管人与存货人。公共仓储活动中，存货人交付仓储物，保管人应当给付仓单。仓单是提取仓储物的凭证。存货人或者仓单持有人在仓单上背书并经保管人签字或者盖章的，可以转让提取仓储物的权利。储存期间届满，存货人或者仓单持有人应当凭仓单提取仓储物。

网络仓库是一个与传统仓库在概念上完全不同的仓库形式，网络仓库不是一个看得见摸得着的特定仓库。网络仓库是一个虚拟的仓库，它利用强大的信息流统筹网络内可以利用的资源，用以满足用户需求，可以减少在时间和空间上造成的迂回物流和仓储费用的增加。网络仓库可以看作借助先进通信设备随时调动所需物资的若干仓库的总和。网络仓库覆盖的地域可以很大，根据订货的数量和距离，通过网络传递到网络中心进行处理，用最短的时间作出选择，选择一个有足额库存并且距离最近的仓库向需求地发货。网络仓库改变了传统的仓储观念，仓库的网络化使物资在仓库之间的调动变得毫无意义，物资从出厂到最终目的地可能只经过一到二次运输，大大节省运输费用，并且使生产厂商和消费者的距离又近了一步，这对生产厂商确定生产数量和安排生产计划有重要意义。仓库的网络化是现代信息技术的产物，同时也是经济进步的要求。

讨论

1. 你见过哪些仓库？储存的是哪类物资？有什么特点？
2. 查找资料，结合案例，说明仓储活动的重要性。

（三）仓储活动的意义

商品在从生产领域向消费领域转移的过程中，一般都要经过商品的仓储阶段，这主要是由于商品生产和商品消费在时间上、空间上及品种和数量等方面的不同步所引起的。也正是由于这些不同步使仓储活动在整个物流系统中具有十分重要的意义。

（1）仓储活动对国家进行战略性储备具有保障作用。国家要对一些关系国计民生的重要产品，如粮、棉、油、军用物资及战备物资等进行战略性储备，以保证国民经济可持续发展，防止战争、自然灾害给国民经济带来重大损失。同时，国家进行战略性储备对于应对国际政治经济形势的变化，确保国家安全具有十分重要的战略意义。

（2）仓储活动是保存商品使用价值的必要环节。商品储存在仓库中，由于其本身的性质及环境因素的影响，会使商品发生数量或质量的变化，甚至会失去原有的使用价值。因此，在仓储过程中，应以了解商品自然属性为前提，考虑仓储环境因素，预先采取相应的方法，加强对商品的养护，以防止和减少各种内、外因素对商品质量的不利影响，使其在储存期间不发生或少发生质量变化，从而达到保护商品使用价值的目的。

（3）科学的仓储活动是提高经济效益的有效途径。在仓储活动中，必须要消耗一定的物化劳动和活劳动，尽管这些合理的费用支出是必要的，但由于它不能创造使用价值，因而，在物资使用价值得到有效保护的前提下，费用支出越少越好。搞好仓储活动，可以减少物资在仓储过程中的物资耗损和劳动耗损，可以加速物资的流通和资金的周转，从而节省费用支出，降低物流成本，提高社会和企业的经济效益。

存货控制就是在保障供应的前提下，使库存物品的数量合理化所采取的技术经济措施。为此企业要为库存物资设定合理的库存水平，甚至应用零库存等先进技术手段，以降低存货成本，提高物流管理水平和企业竞争力。为满足日常需要而设立的库存称为经常库存；为应对不确定性因素，如大量突发性订货、交货期突然延期等而准备的缓冲库存，则称为安全库存。零库存技术是在生产与流通领域按照准时制组织物品供应，使整个过程库存最小化的技术总称。这些先进的仓储技术的应用，使得仓储活动具有了增值的意义。

三、包装与装卸搬运

（一）包装的含义及作用

无论产品或原材料，在运输之前都要加以某种程度的捆扎或装入适当容器，以保证产品完好地运送到目的地。所以，包装被称为生产物流的终点，同时也是社会物流的起点。

根据我国的国家标准《物流术语》，包装为在流通过程中保护产品、方便储运、促进销售，按一定技术方法而采用的容器、材料及辅助物等的总体名称；也指为了达到上述目的而采用容器、材料和辅助物的过程中施加一定技术方法等的操作活动。所以包装既可以看作是一个名词，也可以看作是一个动词。

按包装的功能，可以将包装分为运输包装和销售包装两类。运输包装是以满足运输、仓储要求为主要目的的包装，其主要功能是保护产品，形成一定的装卸搬运单元从而方便储运；直接接触商品并随商品进入零售店或和消费者直接见面的是销售包装，其主要功能是适应商品的性质从而保护商品，装潢美观以促进销售。

运输包装上要按相关规定制作各种标志，标志的作用主要是在储运过程中识别货物、指示操作。按标志的用途可分成运输标志、指示性标志、警告性标志、重量体积标志和产地标志等。运输标志，通常是由简单的几何图形和一些英文字母、数字及简单的文字组成，其作用在于使货物在装卸、运输、保管过程中容易被有关人员识别，以防错发错运。指示性标志是一种操作注意标志，以图形和少量文字表达。常用的指示性标志如图 2-4 所示。警告性标志又称危险品标志，用以说明商品系易燃、易爆、有毒、腐蚀性或放射性等危险性货物，以图形及文字表达。对危险性货物的包装储运，各国政府制定有专门的法规，应严格遵照执行。常见的警告性标志如图 2-5 所示。

图 2-4　运输包装上的指示性标志

图 2-5　警告性标志

运输包装又称外包装，其主要作用在于保护商品，防止在储运过程中发生货损货差；并最大限度地方便运输、仓储和装卸搬运，同时方便检验、计数和分拨；符合环保要求，尽量降低物流成本。也就是说，运输包装要符合保护商品、方便储运和绿色经济的要求。

（二）运输包装的技术

1. 运输包装的保护技术

（1）防震保护技术。防震包装又称缓冲包装，是指为减缓内装物受到冲击和震动，保护其免受损坏所采取的一定防护措施的包装。防震包装主要有全面防震包装方法、部分防震包装方法和悬浮式防震包装方法。全面防震包装方法是指内装物和外包装之间全部用防震材料填满进行防震的包装方法；部分防震包装方法则是对于整体性好的产品和有内装容器的产品，仅在产品或内包装的拐角或局部地方使用防震材料进行衬垫即可，所用包装材料主要有泡沫塑料防震垫、充气型塑料薄膜防震垫和橡胶弹簧等；对于某些贵重易损的物品，首先使用比较坚固的外包装容器，然后再用绳、带、弹簧等将被装物悬吊在包装容器内，这样无论在物流的哪个操作环节，内装物都被稳定悬吊而不与包装容器发生碰撞，从而减少损坏，这就是悬浮式防震包装。

此外，还可以采用捆扎及裹紧技术使杂货、散货形成一个牢固整体，以防散堆带来破损。收缩包装就是用收缩薄膜裹包物品，然后对薄膜进行适当加热处理，使薄膜收缩而紧贴于物品的包装技术方法。收缩薄膜是一种经过特殊拉伸和冷却处理的聚乙烯薄膜，由于薄膜在定向拉伸时产生残余收缩应力，这种应力吸收一定热量后便会消除，从而使其横向和纵向均发生急剧收缩，同时使薄膜的厚度增加，收缩率通常为30%～70%，收缩力在冷却阶段达到最大值并能长期保持。

与收缩包装对应的是拉伸包装，拉伸包装由收缩包装发展而来，它是依靠机械装置在常温下将弹性薄膜围绕被包装件拉伸、紧裹，并在其末端进行封合的一种包装方法。由于拉伸包装不需进行加热，所以消耗的能源只有收缩包装的1/20。拉伸包装可以捆包单件物品，也可用于托盘之类的集合包装。

（2）防锈包装技术。大气锈蚀是空气中的氧、水蒸气及其他有害气体等作用于金属表面引起电化学作用的结果。如果使金属表面与引起大气锈蚀的各种因素隔绝，就可以达到防止金属锈蚀的目的。防锈油包装技术就是根据这一原理将金属涂封防止锈蚀的。用防锈油封装金属制品，要求油层要有一定厚度、油层的连续性好、涂层完整。不同类型的防锈油要采用不同的方法进行涂覆。

气相防锈包装技术是用气相缓蚀剂在密封包装容器中对金属制品进行防锈处理的技术。气相缓蚀剂是一种能减慢或完全停止金属在侵蚀性介质中的破坏过程的物质。它在常温下即具有挥发性，能够在很短的时间内挥发或升华出缓蚀气体，充满整个包装容器内的每个角落和缝隙，同时吸附在金属制品的表面，从而起到抑制大气对金属锈蚀的作用。

（3）防霉腐包装技术。在运输包装内装运食品和其他有机碳水化合物类的货物时，货物表面可能生长霉菌，在流通过程中如遇潮湿，霉菌生长繁殖极快，甚至延伸至货物内部，使其腐烂、发霉、变质，因此要采取特别的防护措施，如冷冻包装、真空包装等。

冷冻包装的原理是减慢细菌活动和化学变化的过程，以延长储存期，但不能完全消除食品的变质。

食品霉腐变质主要由微生物的活动造成，而大多数微生物（如霉菌和酵母菌）的生存是需要氧气的。真空包装就是运用这个原理，把包装袋内和食品细胞内的氧气抽掉，使微生物失去“生存的环境”。真空包装是将物品装入气密性容器后，在容器封口之前抽真空，使密封后的容器内基本没有空气的一种包装方法。一般的肉类商品、谷物加工商品及某些容易氧化变质的商品都可以采用真空包装。

（4）防虫包装技术。防虫包装技术，即在包装中放入有一定毒性和臭味的药物，利用药物在包装中挥发气体杀灭和驱除各种害虫。常用驱虫剂有萘、樟脑精等。也可采用真空包装、充气包装、脱氧包装等技术，使害虫无生存环境，从而防止虫害。

充气包装是采用二氧化碳气体或氮气等不活泼气体置换包装容器中的空气的一种包装技术，因此也称为气体置换包装。这种包装方法是根据好氧性微生物需氧代谢的特性，在密封的包装容器中改变气体的组成成分，降低氧气的浓度，抑制微生物的生理活动、酶的活性和鲜活商品的呼吸强度，达到防霉、防腐和保鲜的目的。

脱氧包装是继真空包装和充气包装之后出现的一种新型除氧包装方法。脱氧包装是在密封的包装容器中，使用能与氧气起化学作用的脱氧剂与之反应，从而除去包装容器中的氧气，以达到保护内装物的目的。脱氧包装方法适用于某些对氧气特别敏感的物品。

（5）危险品包装技术。危险品有上千种，按其危险性质，交通运输及公安消防部门将其分为十大类，即爆炸性物品、氧化剂、压缩气体和液化气体、自燃物品、遇水燃烧物品、易燃液体、易燃固体、毒害品、腐蚀性物品、放射性物品等，有些物品同时具有两种以上危险性能。

对有毒商品的包装要明显地标明有毒的标志。防毒的主要措施是包装严密不漏、不透气。例如，重铬酸钾（红矾钾）和重铬酸钠（红矾钠），为红色半透明结晶，有毒，应用坚固铁桶包装，桶口要严密不漏，制桶的铁板厚度不能小于 1.2 毫米。对有机农药一类的商品，应装入沥青麻袋，缝口严密不漏，如用塑料袋或沥青纸袋包装的，外面应再用麻袋或布袋包装。用作杀鼠剂的磷化锌有剧毒，应用塑料袋严封后再装入木箱中，箱内用两层牛皮纸、防潮纸或塑料薄膜衬垫，使其与外界隔绝。

对有腐蚀性的商品，要注意商品和包装容器的材质不能发生化学变化。金属类的包装容器，要在容器壁涂上涂料，防止腐蚀性商品对容器的腐蚀。例如，包装合成脂肪酸的铁桶内壁要涂有耐酸保护层，防止铁桶被商品腐蚀。再如，氢氟酸是无机酸性腐蚀物品，有剧毒，能腐蚀玻璃，不能用玻璃瓶作包装容器，应装入金属桶或塑料桶，然后再装入木箱。

对黄磷等易自燃商品的包装，宜将其装入壁厚不小于 1 毫米的铁桶中，桶内壁需涂耐酸保护层，桶内盛水，并使水面浸没商品，桶口严密封闭，每桶净重不超过 50 公斤。

2. 运输包装的集装技术

集合包装是将一定数量的包装件或产品装入具有一定规格、强度和能长期周转使用的更大包装容器内，形成一个合适的运输单元，以便于装卸、储存和运输，又称组合包装或集装单元。它能节约包装材料，降低包装成本，还能促使物流包装标准化和规格化。集合包装的方式较多，如集装箱、集装袋、托盘集装、框架集装等。

集装是材料科学和装卸技术两个方面有了突破进展之后出现的，用大单元实现组合，是整个包装技术的一大进展。集装的主要特点是集小为大，而这种集小为大是按标准化、通用化要求进行的，这就使中、小件散杂货以一定规模进入流通领域，产生了如下效果：

（1）促使装卸合理化。采用集装后往往使用机械来完成装卸作业，这样就可以将原来的多次人力装卸作业减少为一次机械装卸作业。这样不但减轻了装卸人员的劳动强度，而且还可以更有效地防止装卸时的碰撞损坏及散失丢失，从而缩短装卸时间，提高装卸作业的质量和效率。

（2）使包装合理化。采用集装后，物品的单体包装及小包装要求可降低甚至可以去掉小包装，从而在包装材料上有很大节约。由于集装的大型化及集装工具防护能力的增强，使得集装的包装强度提升，有利于保护货物。

（3）对集装整体进行运输和保管，大大方便了运输及保管作业，便于管理，也能有效利用运输工具和保管场地的空间，大大改善物流环境。

然而集装的最大效果，还是以其为核心所形成的集装系统，将原来分立的物流各环节可以有效地联合为一个整体，使整个物流系统实现合理化。物流的现代化进程离不开集装技术，也可以说集装是物流现代化的重要标志。

3. 绿色包装技术

包装和运输是物流活动对环境造成污染的两个最主要环节。由于包装耗费了大量的自然资源，包装废弃物造成了大量的城市垃圾。发展绿色包装既具有经济效益，也具有很重要的社会效益。

绿色包装，是指完全以天然植物或有关矿物为原料制成的，能循环和再生利用、易于降解、可持续发展的，且在产品的整个生命周期中对生态环境、人体和牲畜的健康无害的一种环保型包装。

绿色包装很大程度上需要使用绿色包装材料来实现。绿色包装材料是指环境负担最小而再循环利用率最高的新型包装材料。它除了具有一般包装材料的共性外，还需要具有良好的环境性能、资源性能、减量化性能及回收处理性能。目前，主要的绿色包装材料有以下几种：

（1）蜂窝纸板制品及纸浆模塑制品。蜂窝纸板在物流运输过程中，同时可作为缓冲隔板和衬垫包装，也可作为包装箱和托盘来替代木箱和木托盘包装。蜂窝纸板在生产过程中无污染，蜂窝纸芯复合板的材料可以完全回收做纸浆，如果弃之不用，在自然界会完全腐烂分解，是满足减量化、回收再使用、回收循环再生、可降解腐化要求的真正的绿色包装材料。

纸浆模塑是一种立体造纸技术，它是以废纸浆或植物纤维浆为原料，在模塑机上用带滤网的模具在压力、时间等条件下，通过纸浆脱水、纤维成型而生产出所需产品的一种加工方法。纸浆模塑制品的体积比发泡塑料小、可重叠，且抗压耐折、材质轻，易于保存和运输，将其置于自然环境中，也可自行腐烂降解。从部分电子产品、工业五金、生活消费品到医疗器具、办公产品，它的应用领域越来越宽广。

（2）植物纤维制品。以农作物废弃物、草本植物和废纸为主要原料的植物纤维已被开发为一种新型绿色材料。目前，在我国主要用以制作取代发泡餐具。植物纤维发泡制品还被用来作为工业包装的内衬，瓷器、洁具、玻璃器具等产品的缓冲包装材料。

（3）降解塑料。随着材料技术的发展，已研制出新的可降解塑料，改善了塑料包装材料的回收再循环利用问题。目前，有生物降解塑料、水解降解塑料、氧化降解塑料及光降解塑料。它们分别是在微生物、水解、氧化及自然光的条件下，其化学结构发生明显变化而引起某些性质损失的一类塑料，用途涉及食品包装内衬、医用材料和个人卫生用品等。

（4）轻量化玻璃包装材料。过分包装也是绿色包装的对立面。一些玻璃容器的包装厂家，为了追求产品的气质和造型，常常制造出的瓶子厚重敦实，造成了过分包装。对此，应该进行轻量化设计。通过对玻璃成分的改性、合理的结构设计、正确的工艺设计及有效的表面处理等强化措施达到瓶壁薄、强度高的目标。目前有无铅玻璃、微晶玻璃、无机抗菌玻璃等绿色包装材料。

（5）铝箔及喷铝包装材料。铝不仅密度小、阻隔性好、延展性和韧性好、卫生性能好、印刷适性好，而且回收再利用率高、环保性能好。因此，铝罐、纯铝箔、喷铝膜是一种对环境无污染、可再生的轻量金属包装材料。它成为了食品、饮料、医药、烟草等行业不可缺少的包装原材料。铝箔复合加工纸、铝塑复合罐材、铝塑复合泡罩包装材料等产品，应用十分广泛。

（6）纳米包装材料。纳米技术是 21 世纪三大科学技术之一。采用纳米技术对传统包装材料进行改性后，材料具有高强度、高硬度、高韧性、高阻隔性、高降解性及高抗菌能力的特点，使其最有利于实现包装功能的同时，实现绿色包装材料的环境性能、资源性能、减量化性能及回收处理性能等。对塑料进行纳米改性后，便于实现包装的减量化、便于增强材料的可降解性能。对木材进行纳米化改性，可以使低档的木材提升性能，从而实现节约资源的目的。纳米复合包装材料、纳米抗菌包装材料、纳米基板包装材料、纳米阻隔性包装材料都为包装材料的绿色化提供了良好的应用前景。

当然，还有一些诸如绿色包装胶黏剂、绿色包装印刷油墨等绿色包装辅助材料，对包装的“绿色”也影响颇大。绿色包装材料是发展绿色包装的关键，对减少包装废弃物污染，节约包装资源，发展包装循环经济具有重要意义。

四、装卸搬运

（一）装卸搬运的特点

装卸搬运是指在同一地域范围内进行的，以改变物品的存放状态和空间位置为主要内容和目的的活动。具体来说，装卸是指物品在指定地点以人力或机械实施垂直位移的作业；搬运是指在同一场所内，对物品进行水平移动为主的作业。

在物流过程中，装卸活动是不断出现和反复进行的，它出现的频率高于其他各项物流活动，每次装卸活动都要花费很长时间，所以往往成为决定物流速度的关键。装卸活动所消耗的人力也很多，装卸费用在物流成本中所占的比重也较高。以我国为例，铁路运输的始发和到达的装卸作业费大致占运费的20%左右，水运占40%左右。此外，进行装卸操作时往往需要接触货物，这也是在物流过程中造成货物破损、散失、损耗、混合等损失的主要环节。例如，袋装水泥包装破损和水泥散失主要发生在装卸过程中，玻璃、机械、器皿、煤炭等产品也主要是在装卸时造成损失。由此可见，装卸活动是影响物流效率、决定物流经济效果的重要环节。

装卸搬运活动的特点有：

（1）附属性、伴生性。装卸搬运是物流每一项活动开始及结束时必然发生的活动，有时被看作其他操作不可缺少的组成部分。例如，一般而言的“汽车运输”，就实际包含了伴随的装卸搬运；仓库中泛指的保管活动，也含有装卸搬运活动。

（2）支持性、保障性。装卸搬运会影响其他物流活动的质量和速度。例如，装车不当，会引起运输过程中的损失；卸放不当，会引起货物转换下一步运动的困难。许多物流活动在有效的装卸搬运支持下，才能实现高效率运作。因此，装卸搬运的附属性不能理解成被动的，实际上，装卸搬运对其他物流活动有一定决定性作用。

（3）衔接性。在任何其他物流活动互相过渡时，都会以装卸搬运来衔接。因而，装卸搬运往往成为整个物流的“瓶颈”，是物流各功能之间能否形成有机联系和紧密衔接的关键。

（二）装卸搬运的分类

1. 按装卸搬运的设备、场所分类

按装卸搬运的设备、场所，其可以分为仓库装卸、铁路装卸、汽车装卸、港口装卸、飞机装卸等。仓库装卸主要配合入库、出库、保管等活动进行，以堆垛、上架、取货为主要操作内容；铁路装卸是对铁路货车的装入及卸下，一般采用人工与机械作业相配合的方式；港口装卸包括码头前沿的装船，也包括后方的支持性装卸，有的港口装卸还采用小船在码头与大船之间“过驳”的办法，因而其装卸的流程较

为复杂，往往经过几次的装卸及搬运作业才能最后实现船与陆地之间货物过渡的目的；汽车装卸一次装卸批量不大，一般可以直接或单纯利用装卸作业达到车与物流设施之间货物过渡的目的。

2. 按装卸机械的作业方式分类

按装卸机械的作业方式，其可以分为吊车的“吊上吊下”方式，使用叉车的“叉上叉下”方式，使用半挂车或叉车的“滚上滚下”方式、“移上移下”方式及“散装散卸”方式等。

（1）吊上吊下方式。采用各种起重机械从货物上部起吊，依靠起吊装置的垂直移动实现装卸，并在吊车运行的范围内或回转的范围内实现搬运或依靠搬运车辆实现小搬运。

（2）叉上叉下方式。采用叉车从货物底部托起货物，并依靠叉车的运动进行货物位移，搬运完全靠叉车本身，货物可不经中途落地直接放置到目的地。

（3）滚上滚下方式。它主要指港口装卸的一种水平装卸方式。利用叉车或半挂车、汽车承载货物，连同车辆一起开上船，到达目的地后再从船上开下，称“滚上滚下”方式。拖车将半挂车、平车拖拉至船上后，拖车开下离船而载货车辆连同货物一起运到目的地，再原车开下或拖车上船拖拉半挂车、平车开下。

滚上滚下方式对码头有特殊要求，还需要专门的船舶，这种专门的船舶称“滚装船”。

（4）移上移下方式。在两车之间（如火车及汽车）进行靠接，然后靠水平移动将货物从一个车辆上推移到另一车辆上，称为移上移下方式。移上移下方式需要使两种车辆水平靠接，因此，对站台或车辆货台需进行改变，并配合移动工具实现这种装卸。

（5）散装散卸方式。它是指对煤炭、矿石、建材、粮食、化肥、化工原料等大宗货物，为提高装卸效率，降低成本而采用散装、散卸的方法，具体作业方法有倾翻法、重力法、气力输送法和机械法。

倾翻法是将运载工具的载货部分倾翻，使货物卸出的方法，主要用于铁路敞车和自卸汽车的卸货。铁路敞车被送入翻车机，夹紧固定后，敞车和翻车机一起翻转，货物倒入翻车机下面的受料槽，如图 2-6 所示。这种卸车方法能够实现列车不解体卸车，卸车效率可达 5000 吨/小时。汽车一般依靠液压油缸顶起货厢实现卸载。

重力法是指利用货物的重力势能来完成装卸作业的方法，铁路运输大宗物资经常采用重力卸车法。重力卸车主要指底开门车或漏斗车在高架线或卸车坑道上自动开启车门，煤或矿石依靠重力自行流出的卸车方法，整列的卸车效率可达 1 万吨/小时。

图 2-6 翻车机进行卸车作业

气力输送法是指利用风机在管道内形成气流，依靠气体的动能或压差来输送货物的方法。这种方法的装置结构紧凑、设备简单、劳动条件好、货物损耗少。但消耗功率较大，噪声较高。气力输送法主要用于装卸粮谷和水泥等。

机械法是采用各种机械，使其工作机械直接作用于货物，通过舀、抓、铲等作业方式，从而达到装卸目的的方法。常用的机械有：胶带输送机、堆取料机、装船机、链斗装车机、单斗和多斗装载机、挖掘机及斗式、带式和螺旋卸船机和卸车机、各种抓斗等。

3. *按装卸搬运对象的形态分类*

按装卸搬运对象的形态，其可分为散装货物装卸、单件货物装卸和集装货物装卸。将颗粒状物资不加小包装而原样装卸，是散装货物装卸；普通包装的物料逐件进行装卸，是单件货物装卸；将物料以托盘、集装箱、集装袋为单位进行组合后进行装卸，是集装货物装卸。

对于包装的物料，应尽可能进行集装处理。集装处理的操作单元大小一致，易于实现标准化作业；而标准化的机械作业，可达到保护物品、增大装卸单元、提高作业效率、节约装卸搬运时间的效果。

（三）装卸搬运作业的原则

组织装卸搬运作业时应遵循以下原则：

（1）尽量少地进行装卸搬运。装卸搬运作业具有附属性的特点，本身并不产生价值。但是，如果进行了不适当的装卸作业，就可能造成物品的破损或污染。因此，应尽量减少装卸次数，尽可能地缩短搬运距离。

（2）提高装卸搬运作业的连续性。把商品装到汽车或铁路货车上，或把商品送往仓库进行保管时，应当考虑合理取卸或出库的方便。也就是要进行“流程分析”，使连续的各种作业协调进行，减少不必要的中途停顿。

（3）提高搬运活性。物流过程中，经常需要将暂时存放的物品再次搬运。从物的静止状态转变为装卸状态的难易程度，称为搬运活性，可以用活性指数表示。一般将活性指数分为五个等级，即：散堆于地面上为0级；装入箱内为1级；装在托盘或垫板上为2级；装在台车上为3级；装在输送带上为4级。

（4）省力化原则。巧妙地利用货物本身的重力和落差原理，设法利用重力移动物品，就是省力化原则。如使物品在倾斜的辊道运输机上，或利用滑槽、滑板使货物在重力作用下移动；减少从下往上的装卸搬运；仓库的月台与卡车车厢设计得处于同一高度，手推车就可以直接进出地进行水平装卸搬运等。

总之，装卸搬运作业的原则就是：能往下则不往上；能直行则不拐弯；能用机械则不用人力；能水平则不要上坡；能连续则不间断；能集装则不分散。

（四）装卸搬运的作用

装卸搬运活动在整个物流过程中占有很重要的位置。一方面，物流各环节之间及同一环节不同活动之间，都是以装卸作业有机结合起来的，从而使物品在各环节、各种活动中处于连续运动；另一方面，各种不同的运输方式之所以能联合运输，也是由于装卸搬运的衔接作用。由此可见，装卸搬运是物流活动得以进行的必要条件，在整个物流活动中占有重要地位，发挥重要作用。

（1）装卸搬运活动会影响物流质量。因为装卸搬运是使货物产生垂直和水平方向上的位移，货物在移动过程中受到各种外力作用，如震动、撞击、挤压等，所以容易使货物包装和货物本身受损，如损坏、变形、破碎、散失、流溢等，装卸搬运损失在物流费用中占有一定的比重。

（2）装卸搬运活动会影响物流效率。物流效率主要表现为运输效率和仓储效率。在仓储活动中，装卸搬运效率对货物的收发速度和货物周转速度会产生直接影响。在货物运输过程中，完成一次运输循环所需的时间，在发运地的装车时间和在目的地的卸车时间占有不小的比重，特别是在短途运输中，装卸车时间所占比重更大，有时甚至超过运输工具运行时间，所以缩短装卸搬运时间，对加速车船和货物周转具有重要作用。

（3）装卸搬运活动会影响物流安全。由于物流活动是物的实体流动，在物流活动中确保劳动者、劳动手段和劳动对象安全非常重要。装卸搬运特别是装卸作业，货物要发生垂直位移，不安全因素比较多。实践表明，物流活动中发生的各种货损、设备损坏、人身伤亡事故等，相当一部分是在装卸过程中发生的。特别是一些危险品，在装卸过程中如违反操作规程进行野蛮装卸，很容易造成燃烧、爆炸等重大事故。

（4）装卸搬运活动会影响物流成本。装卸搬运是装卸搬运人员借助于劳动手段作用于劳动对象的生产活动。为了进行此项活动，必须配备足够的装卸搬运人员和装卸搬运设备，需要有较多的人力和物化劳动的投入，这些劳动消耗要记入物流成本。

还要注意的是，装卸搬运与包装这两个功能要素相互影响、相互制约，包装的大小、材质、形状等因素，直接关系到装卸搬运的方式方法，影响到装卸搬运的效率，装卸搬运与包装要合理统筹规划。

讨论

1. 查找近年来物流业发生的安全事故案例，简要说明其过程。

2. 结合上述案例，说明包装、装卸搬运环节对于物流安全的重要意义。

五、流通加工

（一）流通加工的含义

根据我国的国家标准《物流术语》，流通加工是指物品在从生产地到使用地的过程中，根据需要施加包装、分割、计量、分拣、刷标志、拴标签、组装等作业的总称。

流通与加工的概念本属于不同范畴。加工是改变物质的形状和性质，形成一定产品的活动；流通是改变物质的空间状态与时间状态。流通加工则是为了弥补生产过程中加工的不足，将一些加工活动放在物流过程中完成，这样能更有效地满足用户的需要，使供需双方更好地衔接。流通加工是生产加工在流通领域中的延伸，也可以看成流通领域为了更好地服务客户，在职能方面的扩大。

（二）流通加工的目的

（1）方便物流过程。例如，铝制门窗框架、自行车、缝纫机等产品如果在制造厂装配完成后，进入流通过程，则会由于形状不规则、占用空间大等原因，耗费很高的运输和仓储费用。因此在实际流通环节，经常是把这些产品的零部件，如自行车的车架和车轮分别集中捆扎或装箱，到达销售地点或使用地点后，再分别组装为成品，这样不仅使运输方便而且经济。这样，作为加工活动的组装环节就是在流通过程中完成的。

（2）满足用户多样化的需求。例如，平板玻璃、铁丝等产品，需要在销售地点或使用地点，按照用户不同的需求来临时配置裁剪方案。

（3）综合利用产品。例如，猪肉、牛肉等商品，在食品中心进行加工，将肉、骨分离，其中肉占 65%左右，向零售店输送时就能大大提高输送效率。骨头则有一部分送往饲料加工厂充分利用。

由于流通加工直接面向终端用户，能够综合多家需求、集中下料、合理套裁，所以流通加工有利于做到“物尽其用”，节省材料。

六、配送

（一）配送的含义

按照我国国家标准《物流术语》，配送是指在经济合理区域范围内，根据客户要求，对物品进行拣选、加工、包装、分割、组配等作业，并按时送达指定地点的物流活动。

配送是物流中一种特殊的、综合的活动形式，它与商流、资金流紧密结合，并且包括了物流活动中大多数必要因素的一种业务形式，它是物流的一个缩影或在较小范围内物流全部活动的体现。

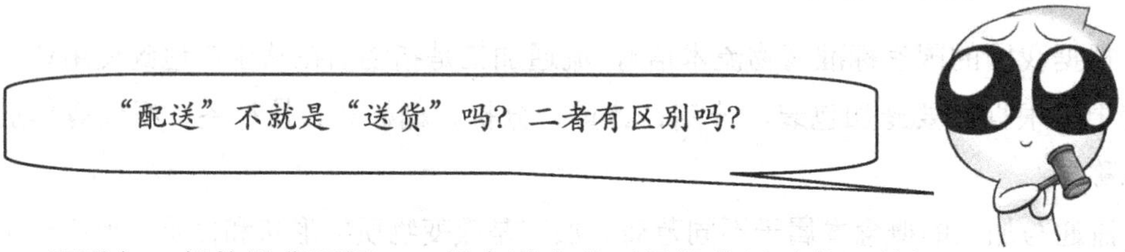

配送与一般的送货不同，一般来说企业开展送货活动的目的仅仅在于多销售自己的商品，而配送活动则是社会专业化分工的产物，往往由专业的配送中心作为配送主体。从微观来说，准确而稳定的配送活动可以在保证供给的同时，最大限度地降低生产或流通企业的商品库存，从而降低总的生产或经营成本；从宏观来说，配送能够优化经济结构、节约社会资源、充分发挥物流的作用，并推动社会物流的合理化。

（二）配送活动的要素

企业或用户的需求不同，货物商品特性多样，配送服务的形态也多种多样。一般来说，配送活动由集货、拣选、流通加工、配装、送达等几个基本功能要素组成。

1. 集货

集货是将分散的或小批量的物品集中起来，以便进行运输、配送的作业。集货是配送的首要环节，为了满足特定客户的配送要求，有时需要把从几家甚至数十家供应商处预订的物品集中，并将要求的物品分配到指定容器和场所。配送的优势之一，就是可以集中客户的需求进行一定规模的集货。

2. 拣选

拣选，又称分拣，是按订单或出库单的要求，从储存场所拣出物品，并码放在指定场所的作业。拣选是配送不同于其他物流形式的功能要素，也是配送成败的一项重要支持性工作。

分拣作业是配送活动中最耗费人力的一项作业，也是最影响配送效率和正确性的作业。为了提高分拣作业的效率，很多大型配送中心使用了自动分拣系统。自动分拣系统一般由控制装置、分类装置、输送装置及分拣道口组成，如图 2-7 所示。

图 2-7 自动分拣系统

控制装置的作用是识别、接收和处理分拣信号，根据分拣信号的要求指示分类装置，按商品品种、按商品送达地点或按货主的类别对商品进行自动分类。这些分拣需求可以通过不同方式，如可通过条形码扫描、色码扫描、键盘输入、重量检测、语音识别、高度检测及形状识别等方式，输入到分拣控制系统中去，对这些分拣信号进行判断，来决定某一种商品该进入哪一个分拣道口。

分类装置的作用是根据控制装置发出的分拣指示，当具有相同分拣信号的商品经过该装置时，该装置动作，使其改变在输送装置上的运行方向进入其他输送机或进入分拣道口。分类装置的种类很多，一般有推出式、浮出式、倾斜式和分支式几种，不同的装置对分拣货物的包装材料、包装重量、包装物底面的平滑程度等有不同的要求。

输送装置的主要组成部分是传送带或输送机，其主要作用是使待分拣商品连贯通过控制装置、分类装置。输送装置的两侧，一般要连接若干分拣道口，使分好类的商品滑下主输送机（或主传送带）以便进行后续作业。

分拣道口是已分拣商品脱离主输送机（或主传送带）进入集货区域的通道，一般由钢带、皮带、滚筒等组成滑道，使商品从主输送装置滑向集货站台，在那里由工作人员将该道口的所有商品集中后或是入库储存，或是组配装车并进行配送作业。

以上四部分装置通过计算机网络联结在一起，配合人工控制及相应的人工处理环节构成一个完整的自动分拣系统。自动分拣系统能连续、大批量地分拣货物，分拣误差率极低，大幅降低人工需求，有效提高了分拣作业的效率，是配送中心现代化的一个重要标志。

3. 流通加工

经济的增长和消费者需求的多样化，都促使在流通领域开展流通加工。现代物流体系中，为了提高物流速度和物品的利用率，在物品进入流通领域后，往往要按客户的要求进行一些简单的、增值的加工活动，以促进销售、维护商品质量和提高物流效率。流通加工活动往往与配送活动结合在一起进行，二者结合有助于减少作业环节，提高配送作业的效率。

4. 配装

在单个客户配送数量不能达到车辆的有效运载负荷时，就存在如何集中不同客户的配送货物，进行搭配装载以充分利用运能、运力的问题，这就需要配装。

配装时要考虑到运送路线和送货的先后顺序。配送活动中的送货具有距离短、批量小、频率高的特点，一般使用汽车做运输工具。由于配送客户多，城市交通路线又较复杂，如何组合成最佳路线，如何使配装和路线有效搭配，是配送工作的特点，也是难度较大的工作。

5. 送达

送货作业是配送活动直接与客户见面的环节，是与客户沟通最直接的桥梁，这就使得送达服务具有了区别于其他环节的特殊性。首先要确保在指定的时间内交货，尽量让客户享受到便捷的服务内容；其次送货作业时要非常重视与客户的良好沟通，了解客户新的需求，并将客户需求反馈到工作中，以便提高服务水平；有时送货作业还增加了金融服务的内容，如代收货款。这些都使得送货作业成为配送活动中非常重要和特殊的一个环节。

（三）配送活动的形式

配送中心是指从事配送业务且具有完善信息网络的场所或组织，应基本符合下列要求：

（1）主要为特定客户或末端客户提供服务。

（2）配送功能健全。

（3）辐射范围小。

（4）多品种、小批量、多批次、短周期。

当然，开展配送活动的主体，不只是配送中心，其他生产企业、商贸流通企业也会根据自己生产经营的需要，开展配送活动。

1. 按配送活动的主体分类

按配送活动的主体不同，可以有以下分类：

（1）配送中心配送。这种配送的组织者是专职配送中心。有的配送中心由于需要储存各种商品，储存量比较大；有的配送中心专职组织配送，储存量较小，主要靠附近的仓库来补充货源。

（2）仓库配送。这种配送形式是以一般仓库为据点来进行配送。它可以是把仓库完全改造成配送中心，也可以是在保持仓库原功能前提下，以仓库原功能为主，再增加一部分配送职能。

（3）生产企业配送。这种配送形式的组织者是生产企业，尤其是进行多品种生产的企业。这些企业可以直接从本企业开始进行配送，而不需要再将产品发运到配送中心进行中转配送。

这种配送方式也包括根据企业的生产需要，尤其是装配型企业的生产需要，把生产每一产品所需要的全部零部件配齐，按照生产节奏定时送达生产企业，生产企业随即可将此成套零部件送入生产线以装配产品。

（4）共同配送。按照我国《物流术语》，共同配送是指由多个企业联合组织实施的配送活动。在国外，共同配送也被称为协同配送。按日本运输省的定义，协同配送是指“在城市里，为使物流合理化，在几个有定期运货需求的企业合作下，由一个卡车运输业者，使用一个运输系统为其进行的配送”。可见，协同配送就是把过去按不同货主、不同商品分别进行的配送，改为不区分货主和商品集中运货的“货物及配送的集约化”，需要在同一条路线运行的货物，使用同一台卡车为更多的顾客运货。协同配送的目的在于最大限度地提高人员、物资、资金、时间等资源的效率，取得最大效益，还可以避免对流运输，并取得缓解交通、保护环境等社会效益。

我国《物流业发展中长期规划（2014—2020年）》指出，“鼓励商贸物流企业提高配送的规模化和协同化水平，加快电子商务物流发展，建立快速便捷的城乡配送物流体系。”“大力提升物流社会化、专业化水平。进一步优化物流组织模式，积极发展共同配送、统一配送”。

2. 按配送的作用分类

按配送的作用，可分为加工配送、集疏配送、销售配送、供应配送、销售供应一体化配送、代存代供配送等形式。

（1）加工配送是指与流通加工相结合的配送。即在配送据点中设置流通加工环节，或将流通加工中心与配送中心建在一起。如果社会上现成的产品不能满足用户需要，或者是用户根据本身的工艺要求，需要使用经过某种初加工的产品时，可以在经过加工后进行分拣、配货再送货到户。

（2）集疏配送是指只改变产品数量组成形态而不改变产品本身的物理、化学形态，与干线运输相配合的一种配送方式。比如，大批量进货后小批量、多批次发货，零星集货后以一定批量送货等。

（3）销售配送是指配送企业是销售性企业，或者是指销售企业作为销售战略的一个环节所进行的促销型配送。一般来讲，这种配送的配送对象是不固定的，用户也往往是不固定的，配送对象和用户往往根据对市场的占有情况而定。销售配送的经营状况取决于市场状况，因此，这种形式的配送随机性较强，而计划性较差。

（4）供应配送是指用户为了自己的供应需要所采取的配送形式。在这种配送形式下，一般来讲是由用户或用户集团组建配送据点，集中组织大批量进货，以便取得批量折扣，然后向本企业配送或向本企业集团若干企业配送。例如，商业中广泛采用的连锁商店，就常常采用这种方式。用配送方式进行供应，是保证供应水平、提高供应能力、降低供应成本的重要方式。

（5）销售供应一体化配送是指对于基本固定的用户和基本确定的配送产品，销售企业可以在自己销售的同时，承担用户有计划供应者的职能，既是销售者同时又成为用户的供应代理人，起到用户供应代理人的作用。

（6）代存代供配送是指用户将属于自己的货物委托给配送企业代存、代供，有时还委托代订，然后组织对本身的配送。这种配送在实施时不发生商品所有权的转移，配送企业只是用户的委托代理人。商品所有权在配送前后都属于用户所有，所发生的仅是商品空间位置的转移。配送企业仅从代存、代送中获取收益，而不能获得商品销售的经营性收益。

3. 按配送对象的品种多少分类

按配送对象的品种多少，可分为综合配送、专业配送。

（1）综合配送是指配送商品种类较多，在一个配送网点中组织不同专业领域的产品向用户配送。综合配送可减少用户组织所需全部物资的进货负担，他们只需要和少数配送企业联系，便可解决多种需求的配送。因此，这是一种用户服务水平较高的配送形式。

（2）专业配送是指按照产品的性状不同，适当划分专业领域的配送方式。专业配送并非越细分越好，实际上在同一性状而类别不同产品方面，也是有一定综合性的。

（四）配送的意义

1. 推行配送有利于物流活动的合理化

配送不仅能促进物流的专业化、社会化发展，还能以其特有的运动形态和优势调整流通结构，促使物流活动向“规模经济”发展。从组织形态上看，它是以集中的、完善的送货取代分散性、单一性的取货。从资源配置上看，则是以专业组织的集中库存代替社会上的零散库存，衔接了产需关系，打破了流通分割和封锁的格局，很好地满足社会化大生产的发展需要，有利于实现物流社会化和合理化。

2. 完善了运输和整个物流系统，提高了末端物流的效益

配送环节属于支线运输，灵活性、适应性、服务性都比较强，能将支线运输与送达服务结合起来，使运输过程得以优化和完善。它采取将各种商品配齐集中起来向用户发货和将多个用户小批量商品集中在一起进行发货等方式，以提高末端物流的经济效益。

3. 通过集中库存使企业实现低库存或零库存

实现了高水平配送之后，生产企业可以完全依靠配送中心的准时制配送而不需要保持自己的库存；或者生产企业只需保持少量保险储备而不必留有经常储备，这就可以实现生产企业多年追求的“零库存”目标，将企业从库存的包袱中解脱出来，同时解放出大量储备资金，改善企业的财务状况。实行集中库存时，库存总量远低于不实行集中库存时各企业分散库存的总量。因此，采用集中库存可利用规模经济的优势，使单位存货成本下降。

4. 简化事务，方便用户

采用配送方式，用户只需要从配送中心一处订购就能达到向多处采购的目的，只需组织对一个配送单位的接货便可替代现有的高频率接货，因而大大减轻了用户

的工作量和负担，也节省了订货、接货等的一系列费用开支。

5. 提高供应保证程度

生产企业自己保持库存、维持生产，受库存费用等因素影响供应保证程度很难提高。采取配送方式，配送中心可以比任何企业的储备量更大，因而对每个企业而言，中断供应、影响生产的风险便相对减小，使用户免去缺货之忧。

6. 配送为电子商务的发展提供了基础和支持

电子商务把地球“变小”了。但电子商务作为一种交易方式，只有将虚拟活动与实体形式有效结合，才能具有整体优势。现代物流，特别是快递、配送活动，能提高电子商务的效率，扩大电子商务的市场范围，电子商务的发展离不开现代物流的支持。现代物流必须与电子商务协调发展，两者互相依存，共同发展。

七、物流信息

（一）物流信息的特点

物流信息是指物流活动中各个环节产生的信息，与物流过程中的运输、保管、装卸、包装等各种职能有机结合在一起，是整个物流活动顺利进行所不可缺少的条件。例如，运输活动要根据供需数量和运输条件等信息确定合理运输线路、选择合适的运输工具、确定经济的运送批量等；装卸活动要根据送货数量、种类、到货方式及包装情况等信息才能确定合理的组织方式、装卸设备、装卸次序等。同时，物流信息还反映物流活动与其他活动相联系的情况，如商品交易信息、市场信息等，这些信息在整个物流供应链上流动，反映供应链上的生产厂家、批发商、零售商最后到消费者之间的关系，是供应链协调一致、有效控制、快速反应市场的重要条件。

根据我国的国家标准《物流术语》，物流信息是反映物流各种活动内容的知识、资料、图像、数据、文件的总称。从狭义的范围来看，物流信息是指与物流活动有关的信息。从广义的范围看，物流信息不仅指与物流活动有关的信息，而且包括与其他物流活动有关的信息，如商品交易信息和市场信息等。

随着经济全球化及互联网技术的发展，信息技术的商务应用向广度和深度发展，物流企业面临的信息数量之大、种类之多、变化之快是前所未有的。市场要求物流企业有更高水平的信息管理能力。基于信息技术的物流信息管理及物流信息系统的构建是现代物流的特征，及时而准确的物流信息管理是物流企业管理中不可缺少的组成部分。

根据管理层次划分，庞大的物流信息可分为：战略管理信息、战术管理信息、知识管理信息、操作管理信息。其中操作管理信息产生于物流作业层，反映和控制企业的日常生产和经营工作，它位于管理信息的最底层，是信息源。例如，订货处理、计划管理、运输管理、库存管理、设备管理等信息，这类信息具有数量多、动态性强的特点。

物流信息除了具有信息的一般属性，还具有自己的一些特点：

（1）广泛性。由于物流是一个大范围内的活动，物流信息源也分布于一个大范围内，信息源点多、信息量大，涉及从生产到消费、从宏观到微观的各个方面。物流信息来源的广泛性决定了它的影响也是广泛的，涉及国民经济各个部门、物流活动各环节等。

（2）联系性。物流活动是多环节、多因素、多角色共同参与的活动，目的就是实现产品从供应地到接收地的顺利移动，因此在该活动中所产生的各种物流信息必然存在十分密切的联系，如生产信息、运输信息、储存信息、装卸信息等都是相互关联、相互影响的。这种相互联系的特性是保证物流各子系统、供应链各环节及物流内部系统与物流外部系统相互协调运作的重要因素。

（3）多样性。物流信息种类繁多，从其作用的范围来看，本系统内部各个环节有不同种类的信息，如流转信息、作业信息、控制信息、管理信息等，物流系统外也存在各种不同种类的信息，如市场信息、政策信息、区域信息等；从其稳定程度来看，又有固定信息、流动信息与偶然信息等；从其加工程度看，又有原始信息与加工信息等；从其发生时间来看，又有滞后信息、实时信息和预测信息等。在进行物流系统的研究时，应根据不同种类的信息进行分类收集和整理。

（4）动态性。多品种、小批量、多频度的配送技术与 POS、EOS、EDI 数据收集技术的不断应用使得各种物流作业频繁发生，加快了物流信息的价值衰减速度，要求物流信息不断更新。物流信息的及时收集、快速响应、动态处理已成为主宰现代物流经营活动成败的关键。

（5）复杂性。物流信息的广泛性、联系性、多样性和动态性带来了物流信息的复杂性。在物流活动中，必须对不同来源、不同种类、不同时间和相互联系的物流信息进行反复研究和处理，才能得到有实际应用价值的信息，去指导物流活动，这是一个非常复杂的过程。

（二）物流信息化

物流信息化是指运用现代信息技术分析、控制物流信息，以管理和控制物流、商流和资金流，提高物流运作的自动化程度和物流决策的水平，达到合理配置物流资源、降低物流成本、提高物流服务水平的目的。

物流信息化是对整个社会物流系统进行的变革，是物流企业和社会物流系统核心竞争力的重要组成部分。物流信息化的程度是衡量物流业务水平的重要指标，可以说没有信息化的物流，便没有现代化的物流。

根据物流理念的创新以及信息技术的发展阶段，可以将物流信息化的进程归纳为四个时段。

第一个时段是在20世纪50年代以前，那时的“物流”活动还不能称之为真正意义上的物流，企业物流信息的采集、传输主要依靠普通信函、电话、手工记录，物流信息管理处于简单粗放阶段。

第二个时段是在20世纪50年代初，企业物流信息的管理主要围绕库存和交易，企业开始使用计算机处理信息，但由于物流理念及计算机技术的限制，企业物流信息化仍处于较低水平。

第三个时段是从20世纪50年代中期到80年代中期，企业开始注重物流管理的系统化和整体化，物料需求计划（MRP）、制造资源计划（MRPⅡ）概念被企业提出，企业的信息管理流程逐步向规范化、标准化迈进，各种先进的信息技术和信息管理模式用于物流管理当中，信息管理在物流管理中已逐步体现出中枢神经的作用。

第四个时段是从20世纪80年代中后期到现在，全面质量管理（TQM）、准时制工作法（JIT）、业务流程重组（BPR）、企业资源计划（ERP）、供应链管理（SCM）、客户关系管理（CRH）、电子商务（EC）的逐步提出，大大地丰富了物流管理和信息管理的内容。通信技术诸如宽带技术、无线技术、空间定位技术、信息管理技术、识别技术、数据仓库技术等的飞速发展，使物流信息管理在真正意义上跃入了“高级”阶段。

目前物流活动信息流主要有三种表现形式：

（1）企业内部的信息流，主要包括企业内原材料、半成品、产成品物流及生产过程物流和与之相关的物流成本核算所产生的信息流动。

（2）企业间的信息流，主要包括企业间订货、收货、发货、中转、代理及结算等活动所产生的物流信息。

（3）社会物流信息。社会物流信息的内涵是企业物流信息的社会化，它是由企业共同参与，依靠物理平台或虚拟平台从事物流活动和交流及发布所产生的各类信息。具体表现形式如公共物流中心和公共物流信息平台发布、传输、交易的信息。

以上三种信息流主要以物流及信息技术作为载体，通过与物流活动的高度融合推动和促进物流管理水平的发展。

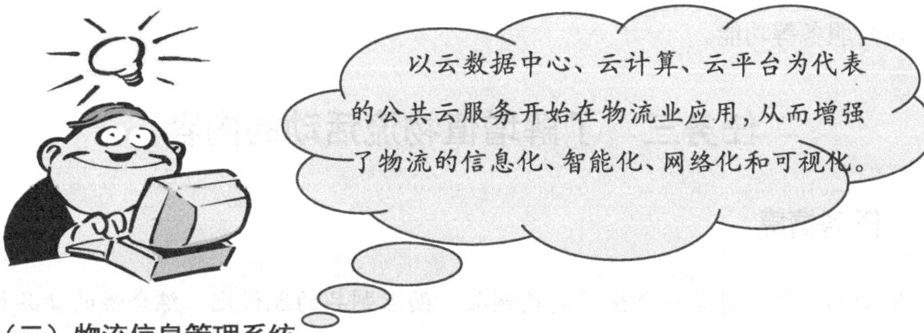

（三）物流信息管理系统

物流信息管理系统是由计算机软硬件、网络通信设备及其他办公设备组成的，在物流作业、管理、决策方面对相关信息进行收集、存储、处理、输出和维护的人机交互系统。其主要功能是进行物流信息的收集、存储、传输、加工整理、维护和输出，为物流管理者及其他组织管理人员提供战略、战术及运作决策的支持，以提高物流运作的效率与效益。

完善的物流信息系统应该为物流企业提供物流系统管理和运作的有关“平台”，即物流运作协同平台、信息共享平台、决策支持平台。企业在物流运作协同平台上可以完成各种运营流程，如采购流程中的询价、收料、支付等，该平台应能使企业内部操作人员、设计人员、财务人员和外部合作伙伴更好地、高效率地工作。信息共享平台的功能是解决信息沟通的一致性、及时性问题，供应链中企业实现信息共享才能够具有对市场快速反应的能力，从而取得供应链管理与整合的最大效果。决策支持平台要能够为物流企业提供决策虚拟空间。

物流公共信息平台是基于计算机通信网络技术，提供物流设备、技术、信息等资源共享服务的信息平台。“国家交通运输物流公共信息平台”是交通运输部牵头，多方共建的一个开放、共享的物流单据和服务电子交换基础网络，是一个国家级的物流公共信息平台。除此之外，区域性的公共物流信息平台对于推动物流信息互联互通，提高区域物流信息化和物流效率也发挥着越来越重要的作用，如大西南物流公共信息平台，可以实现车辆调度和对货物的全程监控；南方现代物流公共信息平台，是构造南方地区整体物流现代化发展的共性基础平台，也是我国首个跨区域、跨行业、综合性、国际化物流信息平台。中国铁路总公司的“95306 大宗物资交易平台”是一个融物流服务、商品交易服务于一体的物流公共信息平台，当前主要开展三项业务：一是提供铁路货运电子商务服务，开办“我要发货”、运费查询、货物追踪等铁路货运业务；二是提供大宗物资交易服务，支持煤炭、矿石、钢铁、粮食、化工、水泥、矿建、焦炭、化肥、木材、食品 11 个品类物资在线交易并提供配套物流服务；三是提供小商品交易服务，包含商品选购、在线支付、物流配送、网络营销、客户服务等功能。

任务三　了解增值物流活动的内容

任务情境

甲食品有限公司是一个生产肉类制品、面点制品的现代化、综合性的食品加工企业，由于消费市场对肉类制品、面点制品的新鲜程度、时限性要求非常高，所以甲食品有限公司将其物流业务外包给乙冷链物流企业。乙方在做好运输、仓储等物流活动的同时，采用物流新技术为甲提供了可跟踪运输包装。这种包装技术是在容器或托盘上装有电子芯片，可以追踪记录下各种物流信息，能够在任何时间和地点被读出。可跟踪性运输包装实现了在运输和流通中包装物品及容器被全程跟踪，以便管理者及时完成对其流通渠道和运输路径的优化调整。这种即时跟踪对于时效性要求很高的肉类制品和面点来说，非常必要。这种物流包装有助于优化物流环节，从而为甲减少货损，达到降低成本的目的。

食品冷链物流中还有一项新的包装技术叫做智能标签。食品的保质期并非食品保鲜期，保质期内的食品只能保证食品尚未变质，而不能保证食品原有的新鲜度和风味。利用智能包装技术，不仅可以指示食品是否变质，还能即时反映食品的新鲜程度，有助于保证食品的安全和原有风味。这种标签像射击用的靶子，有很多圈套圈的透明圆环，中心的环含有一种化学物质，这种化学物质会随时间和温度不同而产生聚合反应，并由透明变成黑色。如果包装的食品保持在低温状态，该化学物质的聚合反应就很缓慢，一旦温度增加，聚合反应就会加速，化学物质就会由透明变成黑色，当内圈变黑时就意味着食品不再新鲜。冷链物流环节可以应用这项技术将运输、仓储中的温度调整到最佳，消费者也可以通过这种标签颜色的变化判断食品是否在高温状态下保存了很长时间，从而改善消费者的消费感受，有助于提高产品的差异化和竞争力。

（资料来源：http://www.docin.com/p-1139797310.html）

问题：1. 物流活动对甲食品有限公司来说只是消耗成本，不会创造价值吗？

2. 哪些物流活动能为甲食品有限公司增值？

任务要求

通过学习任务三，实现以下目标：

1．明确增值性物流活动与传统物流活动的区别。

2．了解增值性物流活动的内容。

知识准备

随着经济全球化、需求多样化的发展，物流服务的方式逐步由传统的、单一功能的物流向综合的、一体化的物流方向发展。客户对物流服务的要求越来越高，客户希望寻求既能降低成本又能增强物流服务功能的专业物流服务。

物流需求发生了变化，物流企业要提供让客户满意的服务，仅靠实现物流基本功能的常规服务，如提供仓储、运输、装卸搬运、包装、配送等服务，已经远远不能支持客户正在逐渐壮大的供应链系统。要强化企业的物流服务能力，在竞争中获胜，就必须仔细分析客户需求的变化，延伸常规物流服务，向增值物流的方向转化。

增值物流服务（Value-added Logistics Service）是指在完成物流基本功能的基础上，根据客户需求提供的各种延伸业务活动。

一、业务延伸性的物流活动

多数物流企业提供增值性的物流服务，是从业务延伸性的物流活动开始做起的，通过这些活动为客户带来便利性的体验。以前需要客户自己做的事情，现在由物流服务提供商以各种方式代替客户做了，从而使客户获得的服务变得简单、方便，这当然增加了商品或服务的价值。

例如，在提供物流服务时，推行门到门服务、提供完备的操作或作业提示、免费培训、维护、省力化设计或安装、代办业务、24 小时营业、自动订货、传递信息和转账、物流全过程追踪等，这些对客户来说都是增加了便利性的增值活动。

（一）代收货款

代收货款业务是物流公司为客户企业提供传递实物活动的同时，帮助供方向买方收取货款，然后将货款转交客户企业并从中收取一定比例的酬金。代收货款模式是物流金融的初级阶段，从盈利角度来看，它直接带来的利益属于物流公司，同时厂家和消费者获得的是方便、快捷的服务。

（二）定制包装

货物运输破损，主要原因是包装不当。专业的物流企业会根据货物类别和需要，提供最佳的包装解决方案。例如，有的物流企业使用多层加厚纤维袋作为布匹、服装和其他小件的物流包装，能有效防潮、防油污、防散落。新型蜂窝纸箱耐挤压、抗缓冲、防潮，材质轻、承重大，与木箱相比重量轻55%～75%，缓冲性能却高出2～8倍，同时能节约大量的木材资源，是国际公认推广的新型环保包装产品，也是很多物流企业在提供定制包装时常使用的材料。

包装是社会物流的起点，物流包装是运输、仓储的必要前提。包装必不可少，包装费用也就必然要发生。有的物流企业为客户提供包装服务，也有的物流企业只接运客户自己包装好的物品，这样就可以不承担因包装原因产生的货损责任；而增值性的物流包装，则是物流企业根据客户的不同要求、物品类别，为客户提供专业的物流包装。从表面看，物流企业通过定制包装活动向客户收费，客户为此多支付了费用。其实不然，客户支付了定制包装的费用，节省了自己非专业包装的费用和由非专业包装引起的包装破损、货物损失的费用。两种方案相比较，定制包装节省了客户企业的总体支出，也有利于减少社会物流总费用。

（三）物流信息服务

物流追踪原本是物流企业用来追踪内部物品流向的一种手段，当其向客户开放查询时就成为一种增值服务。物流信息系统借助GPS技术，能够实现车辆定位、实时监督、车辆跟踪和轨迹回放等功能，结合GIS技术，可以科学快速地预先设定最佳路径，并对车辆运行情况快速反应。物流追踪技术不仅应用在运输领域，还进一步延伸到仓储和生产物流中，基于条码的仓储货物识别和生产物流中的货物识别应用得到了进一步发展。物流追踪活动使得物流呈现出追踪全程化、可视化的发展趋势，客户随时掌握货物信息，以便为生产、经营做好准备，提升客户的生产经营水平。所以说，物流追踪、物流信息查询等活动对于客户来说是一种增值性的活动。

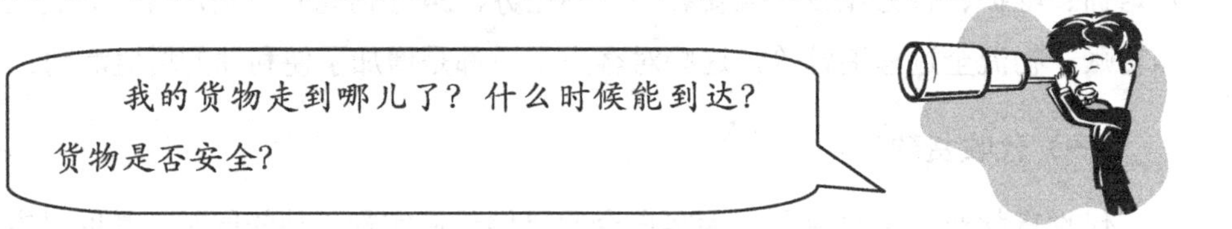

二、降低成本的物流活动

物流是企业的第三利润源学说，表明物流活动和其他独立的经济活动一样，它不仅仅是总体成本的构成因素，还可以是单独的盈利因素。从物流活动的角度来说，通过有效的物流活动，可以给客户企业创造更好的盈利机会，从而成为客户继资源领域、劳动力领域之后的“第三个利润源泉”。通过有效的物流活动，可以优化社会经济系统和整个国民经济的运行，降低整个社会的运行成本，提高国民经济总效益。

社会物流总费用指一定时期内，国民经济各方面用于社会物流活动的各项费用支出，包括支付给社会物流活动各环节的费用、应承担的物品在社会物流期间发生的损耗、社会物流活动中因资金占用而应承担的利息支出和发生的管理费用等，如表 2-2 所示。社会物流总费用划分为运输费用、保管费用、管理费用。

表 2-2　社会物流总费用的构成

一级指标	二级指标	三级指标
社会物流总费用	运输费用	铁路运输费用
		道路运输费用
		水路运输费用
		航空运输费用
		管道运输费用
		其他运输费用
	保管费用	仓储费用
		配送费用
		包装费用
		流通加工费用
		货物损耗费用
		货代业务费用
		保险费用
		信息及相关服务费用
		利息费用
		其他保管费用
	管理费用	物流管理人员报酬
		其他管理费用

物流已经成为现代经济活动中的重要组成部分，社会物流总费用占国民经济总值 GDP 的比重，成为衡量一个国家物流业发展水平的重要指标。通常物流业越发达，效率越高，物流成本越低，社会物流总费用占 GDP 的比重就越低。国家发改委和国家统计局的统计数据显示：2014 年我国社会物流总费用 10.6 万亿元，其中运输费用 5.6 万亿元，占社会物流总费用的比重为 52.9%；保管费用 3.7 万亿元，占社会物流总费用的比重为 34.9%；管理费用 1.3 万亿元，占社会物流总费用的比重为 12.2%。社会物流总费用与 GDP 的比率为 16.6%。这一数据远高于美国、日本和德国，反映出我国物流成本偏高的问题。

讨论

1. 降低社会物流成本与物流企业盈利矛盾吗?
2. 降低社会物流成本对消费者有什么影响? 可举例说明。

降低物流成本的增值性活动是指采用科学适用但投资较少的物流技术和设施设备，如运筹学中的管理技术、单品管理技术、条形码技术和信息技术等，来优化物流活动，从而降低物流成本。

物流技术是物流活动中所采用的自然科学与社会科学方面的理论、方法，以及设施、设备、装置与工艺的总称。举例来说，仓储活动中货物批量的整合可以降低物流成本。将零担及拼箱的原材料货物整合为整车及整箱，再进行下一环节的物流活动——运输；反之，在仓储活动中将接收入库的整装产成品货物，分装为零担及拼箱货物运到各消费地点。这些技术的运用使得仓储活动除具有保管、储存基础功能外，还具有了整合货物批量的功能，起到了降低整个物流系统成本的增值作用。再比如，在中转环节采用直接换装的技术，即物品在物流环节中，不经过中间仓库或站点，直接从一个运输工具换载到另一个运输工具的物流衔接方式。直接换装非常适合于快速处理的紧急订单，有助于大幅降低库存水平，减少货物损失率、丢失率及加快资金周转。

三、内涵延展性的物流活动

以上两种增值性的物流活动，能为客户带来物流成本的节省或为客户带来便利性的感受，但真正能提高客户物流服务水平的增值活动应当不仅仅是降低其物流成本，还应当是满足或超出客户对物流活动的期望值，帮助企业客户提高产品或服务的竞争力，物流企业也由此分享自己创造的增值价值。能够开展这种增值性物流活动的主体往往是第三方物流。

根据我国国家标准《物流术语》的定义，第三方物流是指独立于供需双方为客户提供专项或全面的物流系统设计或系统运营的物流服务模式。国外一些理论认为，现代第三方物流的含义是指生产经营企业为集中精力搞好主业，把原来属于自己处理的物流活动，以合同方式委托给专业物流服务企业；同时，通过信息系统与物流企业保持密切联系，以达到对物流全程管理控制的一种物流运作与管理方式。

从这个角度来说，传统的社会化运输和仓储企业不能理解为第三方物流，或者说不属于现代意义上的第三方物流。从事第三方物流的企业往往将功能向上延伸到市场调查与预测、物流咨询、物流系统设计、物流方案的规划与选择，向下延伸到采购及订单处理、库存控制决策建议、货款回收与结算、教育与培训等。能够开展一体化物流活动，往往是第三方物流区别于传统社会化运输、仓储等物流企业的标志。一体化物流（Integrated Logistics）是根据客户需求对物流项目进行全过程、多功能的服务。一体化物流是物流管理系统化的具体体现，它应用系统方法，充分考虑整个物流过程及影响此过程的各种环境因素，对商品的实物流动进行整体规划和运行。

（一）物流系统设计

物流系统设计是指经过系统分析，完成物流系统硬件结构和软件结构体系的构想，形成物流系统组织设计和技术方案的过程。物流系统设计的基本原则，是从物流的需求和供给两个方面谋求物流时间和成本的均衡化、货物的直达化及装卸搬运的省力化。实现这种目的的有效条件包括运输、保管等的共同化，订货、发货等的计划化，订货标准、物流批量标准等有关方面的标准化及流通加工和情报功能的扩大化等。

（二）物流方案规划

第三方物流企业站在客户的立场上，以客户企业的物流合理化为运营管理的目标来进行物流方案规划。第三方物流企业的经营效益直接同客户企业的物流效率、物流服务及物流系统效果紧密联系在一起。

（三）存货控制决策

存货控制是在保障供应的前提下，使库存物品的数量合理化所采取的技术经济措施。

存货控制通过减少管理费用和劳务费用的方法，可达到开源节流的目的，仍然可以产生效益。存货控制的具体目标往往是：达到最经济的订购量；在最适当的时间订购物料；把存货量控制在一个适当的范围。简而言之，存货的目的是配合生产，以最少的费用维持生产经营的需要。

存货控制的技术手段通常有：ABC 分类管理、定量订货法、定期订货法、供应商管理库存等。

ABC 分类管理是指将库存物品按品种和占用资金的多少分为特别重要的库存（A 类）、一般的库存（B 类）、不重要的库存（C 类）三个等级，然后针对不同等级分别进行管理和控制。例如，把占总数 10%左右的高价值的货物定为 A 类；占总数 70%左右的价格低的物品定为 C 类；A、C 之间的 20%则为 B 类。在库存管理中应区别对待各类物品，A 类物品应在不发生缺货条件下尽可能减少库存，实行小批量订货，每日盘点；C 类则可以制定安全库存水平，进行一般管理，订货批量大，每月盘点；B 类则在两者之间，每周盘点。除按价值分类外，还可以根据销售难易程度、缺货产生的后果等因素进行 ABC 分类，或者综合各种因素进行分类。总之要符合仓库管理的目标和货物本身的具体情况。

定量订货法是指预先确定一个订货点和订货批量，随时检查库存，当库存下降到订货点时就发出订货，订货批量取经济订货批量。经济订货批量是指通过平衡采购进货成本和保管仓储成本核算，以实现总库存成本最低的最佳订货批量。A 类物资可以采用定量订货法，以控制其库存水平。

定期订货法是指按预先确定的订货时间间隔按期进行订货，以补充库存的一种库存控制方法。其决策思路是：每隔一个固定的时间周期检查库存项目的储备量，根据盘点结果与预定的目标库存水平的差额确定每次订购批量。C 类物资可以采用定期订货法进行存货控制。

供应商管理库存也是存货控制的一种有效手段，按照双方达成的协议，由供应链的上游企业根据下游企业的物料需求计划、销售信息和库存量，主动对下游企业的库存进行管理和控制。

以上这些延伸性的物流活动最具有增值性，但也是最难提供的服务。目前，能够开展此类增值性的物流活动已成为一个物流企业是否为真正的第三方物流企业的标志。

【巩固提高】

一、填空题

1. 我国《物流企业分类与评估指标》将物流企业分为运输型物流企业、仓储型物流企业和________________。

2. 按货物运输的组织方法，货物运输可分为整车（或整批）运输、零担运输和______________。

3. 公共运输通常涉及三方当事人：_________、托运人和收货人。

4. 仓储是物流系统的一个重要子系统，起着______、________和平衡的作用。

5. 仓储活动的双方当事人，可以称为保管人与_________。

6. 公共仓储活动中，存货人交付仓储物，保管人应当给付____，这也是提取仓储物的凭证。

7. 货物从静止状态转变为装卸搬运状态的难易程度，称为__________。其指数通常分为______个等级。

8. 流通加工是指物品在从生产地到使用地的过程中，根据需要施加包装、分割、________、__________、刷标志、拴标签、组装等作业的总称。

9. 配送是指在__________________范围内，根据__________，对物品进行拣选、加工、包装、分割、组配等作业，并按时送达指定地点的物流活动。

10. 增值物流服务是指在完成物流基本功能的基础上，根据客户需求提供的各种__________________。

11. 一定时期内，国民经济各方面用于社会物流活动的各项费用支出，称为_______，包括运输费用、____________和管理费用。

12. 通常一个国家的物流业越发达、效率越高，物流成本就越______，社会物流总费用占 GDP 的比重就越_____。

从下列备用词中选择合适的词填入第 13～16 题：

仓储、存货成本、保管、库存水平、订货周期、库存周期、储存、安全库存

13. 入库、出库等作业都属于_________活动。

14. 根据所储存商品的特性，调节仓库的温度、湿度属于______活动。

15. 为满足生产需要，我们需要_______一定数量的原材料和半成品，但其___________不应过高，过高容易导致__________增加。

16. 一批物品 5 月 1 日入库，5 月 10 日出库，这段时间可称为___________。

二、单项选择题

1. 不同运输方式的运输成本随运输距离而发生变化。运输距离越远，（　　）运输的成本优势越明显；运输距离越近，（　　）运输的成本优势更突出。

A. 公路、铁路　　B. 铁路、水路

C. 水路、铁路　　D. 水路、公路

2. 运输业的产品是货物和旅客的位移。能全面反映货物运输完成情况的指标是（　　），其单位通常是（　　）。

A. 货运量　吨·公里　　B. 货运量　吨

C. 货物周转量　吨·公里　　D. 货物周转量　吨

3. 以下（　　）子系统被看作是物流系统的两大支柱。

A. 运输与配送　　B. 仓储与配送

C．装卸搬运与配送　　　　　　　　　　D．运输与仓储

4．某种物品，日均使用 100 件，每 10 天订一次货。每次发出订货到货物入库都需要 3 天的时间，则该物品的订货周期为（　　），每次应订（　　）。考虑到一些不安全因素的影响，又额外设定了一个 100 件的库存，该库存量称为（　　）。

A．3 天　　1000 件　　安全库存　　B．10 天　　1000 件　　经常库存

C．3 天　　1000 件　　经常库存　　D．10 天　　500 件　　安全库存

5．按包装的功能，可以将包装分为（　　）和销售包装两类。如图 2-8 所示的包装是（　　）。

图 2-8　瓷器的包装

A．运输包装　　运输包装　　　　　　B．商业包装　　销售包装

C．运输包装　　销售包装　　　　　　D．商业包装　　运输包装

6．如图 2-9 所示的运输包装上方正中的酒杯、雨伞等标志是（　　），由此可知该货物最多堆垛（　　）层。

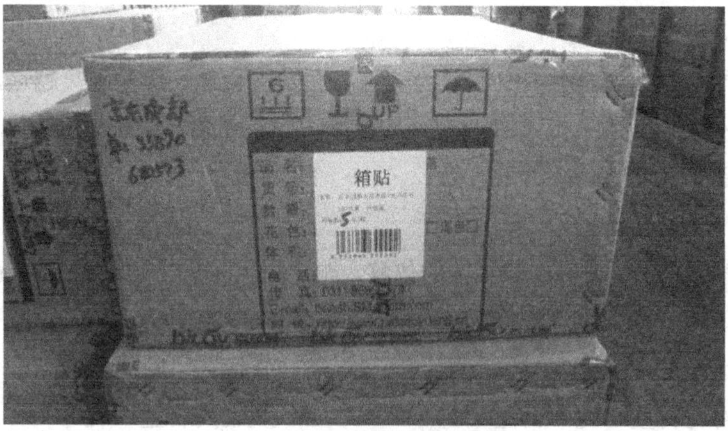

图 2-9　某种商品的包装

A．警告性标志　　5　　　　　　　　B．指示性标志　　6

C．运输标志　　5　　　　　　　　D．警告性标志　6

7．物流每项活动开始及结束时必然会发生装卸搬运活动，这体现了装卸搬运作业的（　　）特点。

A．衔接性　　B．支持性　　C．保障性　　D．附属性

三、填表

为不同的货物运输需求选择合适的运输方式，完成表 2-3。

表 2-3　为不同的货物运输需求选择适用的运输方式

货物运输需求	适用的运输方式
一万吨煤炭从山西大同运往河北某电厂	
10 箱（10kg/箱）新鲜的玫瑰花从广州运往济南	
5000 吨橙子从重庆运往武汉	
20 吨药品从石家庄运往长沙	
60 吨铸造管件从太原运往兰州	

四、简答题

1．运输活动的产品往往用哪两个指标来衡量？分别是什么含义？

2．做好仓储活动的意义是什么？

3．什么是集合包装？有什么作用？

4．物流系统中的装卸搬运活动有什么特点？

5．装卸搬运作业应遵循哪些原则？

6．配送活动的基本功能要素有哪些？

7．配送活动具有什么样的意义？

8．什么是物流信息？有什么特点？

9．增值性的物流活动与基本物流活动有哪些不同之处？

【阅读与思考】

1．运输与物流的关系。有人认为，运输等同于物流。这种看法之所以将运输等同于物流，是因为运输是物流系统中创造价值最多、所占物流成本比例最高的重要环节。有人认为，运输不等同于物流，运输产品比较单一，只是完成物品的空间位移；而现代物流强调系统的观点。运输、仓储、装卸搬运、配送等活动有着不改变物品形态效用的共同点，这些活动之间又相互制约，从而形成一个有机的物流系统来为客户提供多样化、个性化的物流服务。因此运输不等同于物流。

你如何看待运输与物流的关系？

2．浏览中华人民共和国交通运输部（www.moC.gov.cn）网站，对上一年度的交通运输行业发展统计公报进行分析，分析各种运输方式营业里程的变化、货运量的变化和货物运输量的变化，并讨论原因。

项目三

认知物流服务

项目目标

1. 理解物流服务的含义和特征。
2. 能够区分物流客户服务和第三方物流服务。
3. 理解第三方物流服务的特征。
4. 了解集成化物流服务的内容。

任务一　物流服务概述

任务情境

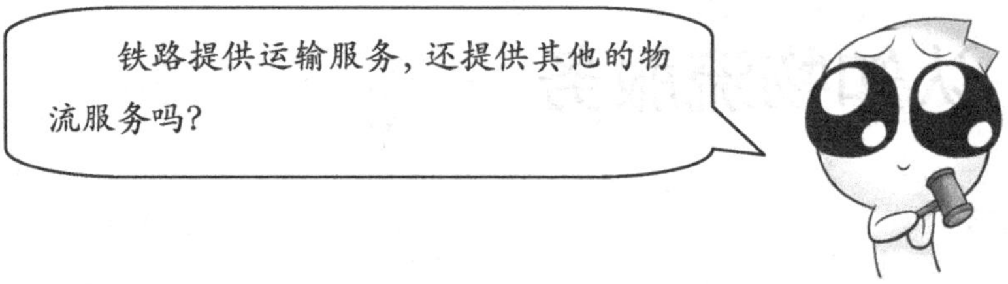

2013 年 6 月，中国铁路货运改革大幕开启，大力发展“门到门”全程物流；2014 年 4 月，发改委首次放开铁路运输价格；2014 年 7 月，“京津冀货物快运列车”首开成功，可实现京津冀地区的中短途零散货物“快运直达”；2014 年 11 月“义新欧”中欧国际货运班列全线开行；2015 年 3 月，西安铁路局向东开行海铁联运班列，向西开行国际铁路货运班列，为我国和中亚国家架起一座经济合作桥梁，“东奔西跑”的铁路货运班列，全力服务“一带一路”建设。

铁路物流在向市场化迈进，物流产品逐渐多样化、个性化。铁路货运向现代物流转型，就是以满足客户需求为目标，从传统铁路货运拓展为物流全过程服务，将运输、仓储、装卸、配送、包装、加工、信息等业务有机结合，不断强化铁路安全便捷、低成本、全天候、绿色环保的优势和特征，充分发挥铁路在社会物流体系中的骨干作用。

铁路物流是指以铁路货运为主的物流服务，或者说以铁路货运为基础向外延伸形成的物流服务。我们可以将铁路提供的物流服务根据其服务内容和程度分为三类。

第一类，单一物流服务。这类物流服务产品的特点是，物流服务的内容单一，可以是单一的运输服务，也可以是单一的仓储服务。

传统铁路货运的站到站运输，包括整车、零担和集装箱运输，都可以归到这一类。这类产品，以提供运输服务为主要任务。为保障运输任务完成，要进行包装作业，运输两端站点及中转站点要进行装卸搬运作业。这时的装卸搬运、包装是为保障运输任务而必须进行的，是附属性的活动，不具有独立的意义。

现在铁路总公司推出的一些新产品，如循环快运货物列车，虽然形式新，但依然以提供运输为主要任务，依然要归到单一物流服务产品中。

第二类，综合物流服务。铁路货运向现代物流转型的标志，在于铁路总公司提出了发展全程物流的目标。而要拓展全程物流，并不简单地是将运输从“站到站”延伸到“门到门”，而是要根据客户提出的物流需求，为客户提供站到站、站到门、门到站、门到门运输，以及仓储、装卸、包装、加工等综合物流服务。

目前开行的中欧班列、中亚班列，铁路部门统一向班列客户提供制单、信息追踪、客户服务、应急处理协调等服务，还拓展代垫运费、仓储、分拨、短途运输等增值服务。这时铁路物流服务已经从单纯的运输服务延伸到了综合物流服务。

第三类，一体化物流服务。铁路总公司在这次货运改革中提出要全方位开展物流经营工作，对生产制造、商贸等企业的原材料、产成品全面推行物流总包及供应总包，满足企业外销外运的全部时限、服务需求和物资供应需求。也就是说，铁路物流要深度介入企业内部供应链，积极发展物流总包业务，为客户提供一体化物流解决方案。一体化物流服务是高端的第三方物流企业发展的必然目标。目前，铁路物流总包业务实施项目制管理，铁路局按项目对接客户，按项目设计物流解决方案，按项目协调铁路内部关系，确保物流总包项目全程服务质量。铁路与客户企业协商确定货物损失、运到逾期、签单返还差错、信息服务差错等合同条款。

这时，铁路物流服务已经远远超越了传统的单一运输服务的范畴，正在以其绿色环保、高效节能、网络布局的优势，为企业客户做优物流方案并实施全方位的物流服务。企业客户不仅是运输服务的对象，更是铁路的战略合作伙伴，铁路物流将助力客户企业赢得供应链的胜利。

中国铁路总公司拥有大量的物流设施、健全的网络，能把信息技术和实施能力融为一体，提供整体物流解决方案，应该说其发展第三方物流的空间非常大。事实上，中国铁路总公司也正在以实际行动、以不断创新的产品证明着这一点。中国铁路总公司在提供基本物流服务的同时，根据市场需求，不断细分市场，拓展业务范围，以客户增效为己任，发展增值物流服务，广泛开展加工、配送、货代等业务，甚至还提供包括物流策略和流程解决方案、搭建信息平台等服务，用专业化服务满足个性化需求，与大客户加强业务联系，增强相互依赖性，发展战略伙伴关系。

第三方物流区别于单一物流服务的关键点在于，物流服务不仅仅向客户提供单一的物流活动，更重要的是，要全面介入客户的经营，扮演物流系统的设计者和物流经营的实施者双重角色，为客户有效地降低物流总成本，与客户共赢。从这个本质特征看，我国铁路物流已具有了现代第三方物流的属性。

任务要求

结合案例情境，回答以下问题：

1. 铁路企业作为公共运输业者，其发展现代物流的原因有哪些？
2. 铁路物流服务可以有哪些分类，分类的依据是什么？

知识准备

一、物流服务的含义

根据我国国家标准《物流术语》，为满足客户需求所实施的一系列物流活动产生的结果，称为物流服务。

不同的物流系统提供的服务不可能完全相同，同一个物流系统也不可能始终如一地提供完全相同的服务。例如，公路运输系统由于其机动灵活性，可以提供门到门的运输服务，但由于公路运输的单位运输成本较高，公路提供的物流服务不具有价格优势；铁路运输受线路因素的影响，主要提供站到站的运输服务。但自 2013 年铁路货运改革之后，中国铁路总公司开始注重物流服务水平的提高，建立了全路接取送达服务体系，能够提供门到门的物流服务，并且通过铁路内部管理体系和信息管理系统的完善，保持了对公路价格的比较优势。

物流服务表现出差异性，主要受企业物流系统提供的能力和服务方式的影响，同时也受客户参与物流服务过程、对服务的评价和认识的影响。当然，物流需求的个性化和独特化发展需要有个性化、柔性化的物流服务。

物流服务能够创造出时间效用和空间效用，通过为供应链提供增值活动，还具有突出的增值性。增值性直接体现了物流服务作为价值创造活动的成果。在现代经济发展过程中，物流服务的增值性引起了人们广泛的重视。

物流服务的对象非常广泛，几乎所有的制造企业都有物流需求，这是一个非常庞大的物流服务对象群体。制造业的物流需求，如钢铁厂、水泥厂，主要是原材料的供应物流和产品的销售物流。供应物流经常是点对点，货物批量比较大，因此比较多采用自营物流，也有一些选择社会物流服务；在经济全球化的趋势下，销售物流需求向精细化、高服务水平方向发展。

对于一个制造型企业来说，物流包括从采购、生产到销售这一供应链环节中所涉及的仓储、运输、搬运、包装等各项物流活动，它是贯穿企业活动始终的。只有物流顺畅，才能保证企业正常运行。同时，物流服务还是提高企业竞争力的重要方面，及时准确地为客户提供产品和服务，已成为企业之间除了价格以外的重要竞争因素。

流通业是最先将物流需求社会化的领域。"商物分离"首先从商业贸易领域开始。国际贸易业的物流需求，其特殊之处体现在其对长距离海运、大陆桥运输、航空货运和通关物流的需求上。批发企业的物流需求主要集中在储运和分销方面，主要是对大量货物的储运及向零售业的配送需求方面。零售业的物流需求集中在对零售企业的商品配送和对消费者的配送方面，社会化的配送服务是这种需求的最有效的服务形式。

二、物流服务的分类

（一）按照服务的内容分类

在市场经济环境下，客户是形成物流需求的核心和动力。物流服务是围绕客户的物流需求进行的，服务可以说是社会化物流企业的立业之本，实际上社会化的物流企业，其人力、物力、财力等各方面的投入，通过企业内部经营管理，最后都要转化成对客户的服务。也就是说，社会化的物流企业以为客户服务为自己的产出，一切效益都由此而来。

1. 物流基本服务

物流基本服务包括：运输服务、仓储服务、配送服务、装卸搬运服务、包装服务、流通加工服务，等等。

这些服务所遵循的原则主要有：

① 满足用户的基本需求，服务带有被动性。

② 服务的买卖双方是一种合同关系，不是伙伴关系。

③ 无故障或低故障作为服务水平的目标，这个目标带有保守性。

④ 服务标准的同一性，即以完全同等的服务方式和服务水平面向所有客户。

2. 物流增值服务

物流增值服务是对特定客户的特定要求提供的服务，主要包括订单处理、货物验收、代理货物保险、代收货款、货物回收及产品替换服务，等等。

增值服务与基本服务的区别，在于增值服务为客户企业增值。例如，客户企业自己做回收货款的业务，需要设置专门的人员、专门的经费；而由物流企业代收货款，则可以利用其送货的便利条件，不用额外多消耗人力、财力。这样算下来，客户企业自己收款所耗费的人才、财力，比将之交给物流企业去做所需要支付的费用要多，所以由物流企业代收货款将为客户企业节省费用，降低风险，有利于客户企业的发展，对于客户企业来说是增值的。

目前国内物流企业提供的增值性服务主要包括：

（1）承运人型增值服务。提供这类服务的是承运货物的快运公司、集装箱运输公司等。它们可提供对运输货物的实时监控、跟踪；提供门到门的一站式服务；配合产品制造或装配的零部件、在制品及时交付；退回商品的回收运输服务等。传统的物流企业，如一些航运公司，现在不仅负责运输货物，而且还提供打制商业发票、为货物办理保险和管理全程的服务，事实上也就是在努力提供完整的供应链管理，使得客户可以在第一时间追踪到自己的货物方位、准确进程和实际费用。这些服务大大超越了传统运输的范畴，使客户能得到更全面、更细致的服务，能省时省力地去做自己的核心业务，所以这些服务对于双方都具有增值性。

（2）仓储型增值服务。如保税仓库分批出货，集中报关，产品检验；产品的包装、再包装、优化包装与组合包装；材料及零部件的安装制造、到货检验；商品贴标签和条形码。

（3）货运代理型增值服务。货运代理公司可提供租船、订舱、包机、包舱、托运、仓储服务；提供货物的装卸、集装箱拼装拆箱、分拨、中转等运输服务；货物的报关、报验、报检、保险；内向运输与外向运输的组合等。

（4）信息型增值服务。企业把信息技术融入物流作业当中，如向供应商下订单，并提供相关财务报告；配送数据统计及分析、预测客户需求，提供咨询支持；运用网络技术向客户提供在线的数据查询和在线帮助服务。

中国铁路 95306 网是集网上交易、物流服务、信息交互、行业资讯、物资采购与招商等功能于一体的铁路电商物流平台，实现了商流、物流、资金流、信息流的高度集中与统一协调，为客户提供更加便捷、更加优质、更具价值的服务。

（5）金融型增值服务。企业在物流活动中，运用金融工具使物流产生的价值增值。物流企业与金融机构联合起来为资金需求方提供融资等。

仓单是保管人在与存货人签订仓储保管合同的基础上，对存货人所交付的仓储物品进行验收之后出具的物权凭证。仓单质押融资是近年来兴起的一种物流金融形式。它是出质人以保管人的仓单为质物，向质权人出具的申请贷款的业务。保管人对仓单的真实性和唯一性负责，是物流企业参与下的权利质押业务。另一种融资形式是存货质押融资，它需要融资的企业（即借方），将其拥有的存货作为质物，向资金提供企业（即贷方）出质，同时将质物转交给具有合法保管存货资格的物流企业（中介方）进行保管，以获得贷方贷款的业务活动。这是一种物流企业参与下的动产质押业务。

（6）第四方物流增值服务。向客户提供全面意义上的供应链解决方案；对企业的管理和技术等物流资源进行整合优化，再造作业流程；对客户物流决策提供咨询服务等。

3. 一体化物流服务

一体化物流服务也可以称为综合物流服务，是为客户制定整体性的物流方案，并对物流活动要素进行规划、组织、实施和系统化运作。

一体化物流服务的主要内容包括为企业提供库存分析报告，进行库存控制，根据企业需求建立分销中心，甚至包括企业整体的供应链设计。高级物流服务可以通过对运输、储存、装卸搬运、包装、流通加工、配送和信息管理等基本功能的组织与管理来满足客户的全部物流需求。

铁路货运改革中提到的物流项目外包业务，就属于这类服务。铁路总公司在这次货运改革中提出要全方位开展物流经营工作，对生产制造、商贸等企业的原材料、产成品全面推行物流总包及供应总包，满足企业外销外运的全部时限、服务需求和物资供应需求。也就是说，铁路物流要深度介入企业内部供应链，积极发展物流总包业务，为客户提供一体化物流解决方案。一体化物流服务是高端的第三方物流企业发展的必然目标。目前，铁路物流总包业务实施项目制管理，铁路局按项目对接客户，按项目设计物流解决方案，按项目协调铁路内部关系，确保物流总包项目全程服务质量。铁路与客户企业协商确定货物损失、运到逾期、签单返还差错、信息服务差错等合同条款。这时，铁路正在以其绿色环保、高效节能、网络布局的优势，为企业客户做优物流方案并实施全方位的物流服务。企业客户不仅是运输服务的对象，更是铁路的战略合作伙伴，铁路物流将助力客户企业赢得供应链的胜利。

（二）按照提供物流服务的主体分类

1. 自营物流服务

站在制造型企业和商业企业的营销角度观察物流服务的话，物流服务属于企业客户服务的范畴。

物流客户服务是指为支持企业的核心产品或服务而提供的服务。制造企业和商业企业的物流服务，就是用来支持其产品营销活动而向顾客提供的一种服务，是顾客对商品利用可能性的物流保障，这种物流服务也被称为物流客户服务。

用现代营销和消费的观点来看，企业提供给顾客的不只是有形产品，还包括与之相关的服务；反过来，顾客在购买商品时，不仅仅是购买商品实体本身，而是购买由有形产品、服务、信息和其他要素所组成的"服务产品组合"。物流服务就是这个"服务产品组合"的重要组成部分。举例来说，顾客购买一台空调，空调本身一般不会成为顾客不满意的原因，很多情况下，招致顾客不满意的原因可能是售后服务水平低。例如，炎炎夏日顾客购买后盼望送货上门，却被告知缺货需要等待；送货后不能及时安装；出现故障后不能及时维修等。对于有形产品制造和销售的企业来说，有形产品是产品组合中最重要的要素，但有形产品并不一定能保证企业取得良好的经济效益和在市场上长久生存下去，使企业更具有竞争力的是企业能够为顾客提供比竞争者更好的服务。作为顾客服务一部分的物流服务，对于建立良好的客户关系、提高产品在客户心目中的价值、增强企业竞争力具有十分重要的作用。

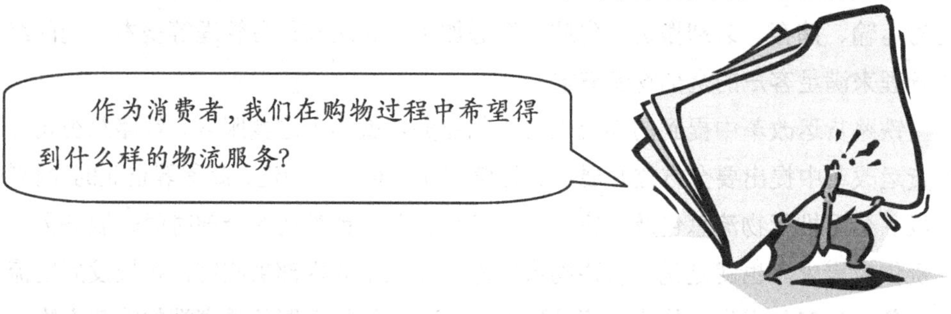

物流客户服务的最终目标是保证顾客对商品的利用可能性，因此，可以从以下三个方面来反映物流客户服务的内容及衡量物流客户服务的水准。

（1）保有顾客所期望的商品，即存货保障。存货保障取决于库存水平。库存水平是指仓库中存储商品容量的大小。它决定了客户对于所需商品的可得率。合理的库存水平不仅有利于提高物流整体的效率，而且能够为客户提供高水平的物流服务。订单满足率是衡量缺货程度及其影响的指标，用实际交货数量与订单需求数量的比率表示。缺货率是缺货次数与客户订货次数的比率。

（2）在顾客所期望的时间内传递商品，即输送保障。订货周期是从客户发出订单到客户收到货物的时间。一个订货周期包括的时间因素有：订单传输时间、订单处理时间、生产或备货时间、配货时间和送货时间。这些因素直接或间接受订单传输方式的设计和选择、库存政策、订单处理程序、运输方式和计划方法的影响。

（3）符合顾客所期望的商品质量保障。货损率，是交货时损失的物品量与应交付的物品总量的比率。与货损率相对应的指标是商品的完好率，它是交货时完好的物品量与应交付物品总量的比率。

2. 第三方物流服务

在生产力水平不高，企业以“纵向一体化”思维为主导时，企业对物流服务的需求是以自我提供的方式实现的，“自给自足”是企业早期物流活动的重要特征。当企业面临的竞争环境日益残酷、多变时，企业以“横向一体化”思维认识到任何一个企业都不可能在所有业务上成为世界上最杰出的。只有在全球范围内与供应商和销售商建立最佳合作伙伴关系，才能共同增强竞争实力。当企业认为自己在供应链中企业物流不是最好的，而且不是企业核心竞争优势时，对企业自营物流的认识也发生了变化。

企业自己从事物流活动需要投入大量的资金用来建设物流设施、购买物流设备，这对于缺乏资金的企业，特别是中小企业来说是个沉重的负担；企业自己从事物流活动，还会因规模过小或生产的季节性等原因降低物流效率。这些自营物流中的问题，自然推动了企业外包物流的脚步，即将一部分或全部物流活动委托给专业物流企业来完成。

这样，物流企业便成为制造企业或商业企业的物流服务提供者。站在物流活动委托方的角度来看，物流企业提供的是一种服务，这种服务同时也构成了制造企业或商业企业物流服务的一部分。例如，当某个运输企业受制造企业的委托，将保管在工厂成品库的产品运送到零售店铺时，运输企业也就成为制造企业物流服务的一部分。从这个意义上讲，运输企业的运输服务也就具有了物流客户服务的性质。

物流企业受货主委托完成物流业务，物流企业的服务对象既是货主企业，同时也包括货主企业视为上帝、小心谨慎对待的顾客。因此，物流企业的经营必须紧紧围绕着货主企业的营销战略和物流服务承诺开展经营活动，以货主和顾客满意为主要目标。同时，物流企业必须把握货主企业物流需求的特点，将物流服务融入到客户企业的物流系统当中去，根据需求分析、开发新的服务产品，做好物流服务产品的市场营销和客户服务。

3. 集成化的物流服务

近年来，集成化物流服务得到快速发展，物流组织不断创新。位于河北省沧州渤海新区的华北大宗商品交易中心，是河北省政府重点支持建设的第三方、多品种、综合性的大宗商品交易中心，其开创了“港口＋基地＋平台＋品牌”的四位一体发展模式，并致力于为华北地区、全国乃至世界的煤炭、铁矿石、化工品、油品、建材等大宗商品提供现代第三方现货交易服务，并为其上下游行业提供专业的供应链一体化服务。

随着互联网技术的广泛应用，大数据将对物流网络整合起到越来越重要的作用。其发展思路是利用先进的互联网技术，建立开放、透明、共享的数据应用平台，为电子商务企业、物流公司、第三方物流服务商和供应链服务商等各类企业提供优质服务，通过建立社会资源高效协同机制，从而提升中国社会化物流服务品质。

三、物流服务的特性

无论是生产制造企业的自营物流服务，还是社会化的专门物流服务，都具有以下特性：

（1）从属性。由于货主企业的物流需求是以商流为基础，伴随商流而发生，因此，物流服务必须从属于货主企业物流系统，表现在流通货物的种类、流通时间、流通方法、提货配送方式都由货主选择决定，物流企业只是按照货主的需求，提供相应的物流服务。

（2）即时性。物流服务属于非物质形态的劳动，它生产的不是有形的产品，而是一种伴随销售和消费同时发生的即时服务。

（3）移动性和分散性。物流服务的对象分布广泛，所以物流服务也就具有了移动性及面广、分散的特性，它的移动性和分散性使得物流产品局部出现供需不平衡，也会给经营管理带来一定的难度。

（4）需求波动性。由于物流服务是以数量多而不固定的顾客为对象，他们的需求在方式上和数量上是多变的，有明显的波动性，因此容易造成供需失衡，成为经营上劳动效率低、费用高的重要原因。

（5）可替代性。物流服务的可替代性表现在两个方面：一是站在物流活动承担主体的角度看，产生于工商企业生产经营的物流需求，既可以由工商企业自身采用自营运输、自营仓储等形式来完成，也可以委托给专业的物流服务供应商，即采用社会化物流的方式来完成。因此，对于专业物流企业，不仅有来自行业的竞争，也有来自货主企业自营物流的竞争。如果物流行业整体水平还难以满足货主企业的需求，则意味着物流企业会失去一部分市场。二是从企业提供的服务品种看，由于存在公路、铁路、水路、航空等多种运输方式，货主可以在对服务的成本和质量等有关因素权衡之后，自主选择运输形式。因此，不同运输手段便会产生竞争。物流企业的竞争不仅来自同行业内不同的企业，还来自不同行业的其他企业。

物流服务的可替代性，对于货主企业来说，增加了物流服务实现形式选择的灵活性，但对物流企业，特别是运输企业来说，增加了经营难度。

四、物流服务合同的内容

提供物流服务往往需要委托方和受托方签订物流服务合同。需要物流服务的一方可称为委托方，提供物流服务的一方可称为受托方。物流服务合同的订立应遵循平等、自愿、诚实信用、协商一致的原则，尊重社会公德，维护社会经济秩序，保护社会公共利益。

从合同的格式上看，物流服务合同应包括约首部分、主文部分、约尾部分。从内容上看，至少应包含以下内容：

（1）当事人双方的基本信息。

（2）物流服务内容。

（3）当事人双方的权利和义务。

（4）履行期限、地点和方式。

（5）费用及结算方式。

（6）对不可抗力的约定。

（7）违约责任。

（8）争议解决方法。

（9）合同的生效与终止。

（10）当事人双方签章。

其中合同的标的，也就是物流服务的内容，是物流服务合同的核心。合同当事人双方应根据合同所涉物品，明确列示物流服务内容。物流服务的内容可以包括以下三类：

（1）在客户的产品上所完成的无形活动（如物品盘点、装卸、搬运、运输等）。

（2）在客户的产品上所完成的有形活动（如物品包装、加工）。

（3）无形产品的交付（如信息处理、方案设计）。

委托方与受托方在对合同标的，即物流服务的内容进行约定时，应注意以下内容的约定：

（1）约定受托方向委托方提供的物流服务形式、范围、场所、方式，以及物流服务开展过程中各当事方所应承担的义务等内容。

（2）约定物流服务的全部内容和环节，并应包括物流服务实施过程中附带或可能附带发生的额外服务内容。

（3）约定物流服务所涉物品的品质及包装、数量或流量、计量单位及方法、交接条件及要求、信息跟踪及反馈要求、检验方法等，包括但不限于点验方法、可接受货损率等，尤其当服务开展过程伴随合同所涉物品在合同各当事方或其他利益相关方之间一次或多次的流动时，应予以明确。

（4）对于物流服务实施过程中，委托方需要受托方之外的第三方参与或配合的，应在合同条款设置时予以考虑，宜明示由于第三方的原因造成物流服务无法按预期实施的情况下合同各当事方应采取的措施。

（5）当合同包括两个以上当事方时，应对每一当事方在物流服务实现过程中应承担的义务和对应的权利进行明确的说明。

（6）涉及危险货物、非经营性危险货物、冷藏冷冻货物、食品、特殊药品、枪支弹药等特殊物品的物流服务，合同应依据国家有关标准或其他规范性文件的要求，确定物流服务提供方的资质要求，明确约定责任承担、损害赔偿的条款。

（7）涉及物品进出口贸易的，应列明进出口需要的所有报关报验活动及单证的提供方，并在合同费用相关条款有相应表述。

（8）涉及增值物流服务，如质押融资服务时，应强化风险管理，符合国家金融、投资、信贷相关管理法规，明确融资操作具体流程及各当事方在其中每个环节的权利义务。如附带或未来可能附带出质人资信评估、货物估价、货物变卖、代收货款等附加服务时，约定附带服务种类及内容，并对合同费用和履行等相关条款有相应表述。

（9）物流系统优化服务应在完成原约定物流服务的前提下，以提高物流管理水平和效率为目标，约定优化目标和考核指标。物流方案设计服务应在约定服务的所有固定可检验成果的同时，约定成果的表现形式和验收要求。

五、物流服务质量

（一）物流服务质量的特点及构成

物流业属于服务业，物流服务是一种无形产品。物流服务的好坏、质量高低，由接受物流服务的客户来评价。物流服务质量，就是用精度、时间、费用、客户满意度等来表示的物流服务的品质。

物流服务质量及其评价具有以下特点：

（1）物流服务质量的评价具有很强的主观性。物流服务不具备实物商品的识别性品质，客户对物流服务质量的评价往往取决于消费服务后的满足程度，主观随意性较大。

（2）物流服务质量取决于过程质量。物流服务的生产与消费是同步进行的，而不能像实物消费一样，可以在生产过程结束后再对生产结果进行消费。物流服务的生产过程对于客户来说往往是全程可视的，客户也是参与其中的，所以客户对物流服务的评价往往是对服务过程和服务结果的总体评价。

（3）物流服务质量的不稳定性。服务不可能像有形商品一样通过标准化生产来保证产品质量的稳定性。同一企业中不同的服务人员，由于服务技能、个人修养、努力程度、心情、态度等因素的差异，提供的服务质量会有差异和波动。

物流服务质量可以分为物流技术质量和物流功能质量。物流技术质量是物流服务的最终结果，包括订单的正确性、货物的完好程度、运输的及时性等；物流功能质量是指物流服务过程中体现的质量，包括人员沟通质量、方便程度等。物流技术质量往往取决于物流系统的客观条件，如物流设备的自动化程度、车辆的数量、人员的多少等。这些客观因素对于物流活动的结果有着非常大的影响，也就是说物流技术质量在物流服务质量中占有非常重要的位置；但物流功能质量也不容忽视，因为客户在接受物流服务的过程中，如果发生了不愉快的交流，会给客户留下不好的印象，即使物流服务的技术结果是好的，客户对物流服务的总体评价也不会满意。

（二）物流服务质量评价

物流服务质量的评价指标很多，包括从客户角度出发度量的指标、从物流企业角度出发度量的指标；还可以分为反映物流技术质量的指标、反映物流功能质量的指标；从内容上说又分为运输服务质量指标、仓储服务质量指标、配送服务质量指标等。

要想评价物流服务质量的高低，首先要确定评价指标并建立评价体系。很显然用某一个方面的指标很难对物流服务质量做出客观准确的评价，必须同时设定多个指标。这些指标被用来描述或反映物流服务质量这个共同的对象时，就形成了物流服务质量评价体系。物流服务质量评价体系就是一组能够描述和衡量物流服务主要特征的指标集合体，这些指标经过量化后能够清晰直观地反映物流服务质量的高低。

物流活动丰富多样，衡量物流服务的具体指标的数量也非常多。以仓储服务为例，我国现已颁布了《仓储绩效指标体系》国家标准。这个标准规定了仓储服务企业绩效管理中可测量的核心绩效指标。仓储绩效即仓储企业所取得的、可测量的社会、经济效益。

根据仓储型物流企业的资本构成和业务模式，仓储绩效指标包括财务绩效、管理绩效、作业绩效三级指标，每级对应若干具体指标，共 15 项，如表 3-1 所示。财务绩效是最终绩效，是管理与作业绩效的综合反映；作业绩效在一定程度上决定管理绩效，管理绩效直接决定财务绩效。

表 3-1　仓储绩效指标分级

一级：财务绩效	收入利润率； 净资产收益率； 人均仓储收入； 单位面积产值； 利润增长率
二级：管理绩效	仓库面积（容积、货位）利用率； 库存周转次数； 机械化作业率； 加工包装率； 配送率； 单位面积能耗
三级：作业绩效	人均日分拣量； 人均日加工量； 人均小时订单录入量； 人均吞吐量

其他类型的物流企业，可以此为参考，确定适合自己的物流服务质量评价体系。

【巩固提高】

一、填空题

1. 为满足客户需求所实施的一系列物流活动产生的____，称为物流服务。

2. 物流服务能创造空间效用和时间效用，通过提供__________，物流服务还具有突出的增值性。

3. 物流服务质量就是用精度、时间、费用和________________来表示的物流服务的品质。

二、选择题

1. 物流服务是一种伴随销售和消费同时发生的即时服务，这是物流服务的（　　）特性。

A. 从属性　　B. 即时性　　C. 移动性　　D. 可替代性

2. 物流服务的内容包括在客户产品上完成的无形活动、有形活动和无形产品的交付。下列举例中不正确的是（　　）。

A. 在客户产品上完成的无形活动，如运输

B. 在客户产品上完成的无形活动，如物品包装

C. 在客户产品上完成的有形活动，如流通加工

D. 无形产品的交付，如物流信息的处理

3．由于服务技能、个人修养、心情、态度等因素的差异，物流服务的质量会有差异和波动。这体现了物流服务质量的（　　）特点。

A．物流服务质量评价的主观性　　　　B．物流服务质量取决于物流过程

C．物流服务质量的不稳定性　　　　C．物流服务质量的稳定性

三、简答题

1．简要说明物流服务的含义。

2．物流服务具有哪些特性？

3．简要说明物流服务质量的含义。

项目四

学做物流管理

项目目标

1. 现代物流管理概述

（1）理解现代物流管理的含义、特征和过程；

（2）理解现代物流管理的内容、原则和目标。

2. 物流设施和设备管理

（1）了解常见的物流设施和设备；

（2）掌握常见的物流设施和设备的选择、维护和保养的原则。

3. 物流技术管理：掌握常用的物流技术

4. 物流成本管理

（1）了解影响物流成本的因素；

（2）掌握降低物流成本的途径。

5. 物流质量管理

（1）理解物流质量管理体系的构成；

（2）掌握物流企业全面质量管理的方法。

6. 物流客户管理：掌握物流客户关系管理的方法

7. 物流组织管理：了解物流组织各个阶段的特点

8. 认知物流战略管理

（1）理解战略管理的内容和过程；

（2）掌握物流战略管理的目标和内容；

（3）了解物流战略制定、实施及控制的方法和内容。

任务一　现代物流管理概述

任务情境

鲁抗医药集团有限公司始建于 1966 年，是全国三大抗生素生产基地。公司以青霉素系列产品为龙头，人用抗生素、农用兽用抗生素、生物制剂等共计 300 多个品种，为全国特大型化学制药企业、国家 520 户重点企业之一，全国医药系统首家通过 ISO9001 质量体系认证，连续七年被评为山东省经济效益排头兵企业。

近几年来，公司在引入现代物流管理理念、加强物流管理、降低企业成本方面，进行了有益的探索。根据鲁抗的实际情况，主要采取“抓两头（供和销）、促中间（生产）”的方式，优化企业物流管理。在物资供应方面推行采购招标制，运输方面实行车辆运营改革，仓库管理方面实行库存限额制度、清理仓库、压缩库存，生产经营方面以市场需求为导向，组织小品种、多批量生产。通过优化两端和中间的物流管理，有效地提高资金利用效率，减少资金浪费，降低产品成本，取得了明显效果。

（资料来源：http://www.8848cc.com/manage/16/15923-9458.html）

任务要求

结合任务情境，回答以下问题：

1. 这家企业开展了哪些物流管理活动？达到了什么效果？
2. 除上述物流管理手段外，你还知道可以从哪些方面展开物流管理？

知识准备

一、现代物流管理的特征和过程

（一）现代物流管理的含义

我们知道，物流一词从“physical distribution”发展到“logistics”是一次重要变革，是将物流活动从被动、从属的职能活动上升到企业经营战略层次，也意味着物流本身的概念已经从对活动的概述和总结上升到管理学的层次。所谓物流管理是指在社会再生产过程中，根据货物实体流动的规律，应用管理学的基本原理和科学方法，对物流活动进行计划、组织、协调、控制，使各项物流活动实现最佳的协调与配合，从而降低物流成本，提高物流效率和经济效益的过程。

所谓管理，是指在特定的环境条件下，以人为中心，对所拥有的资源进行有效的计划、组织、协调、控制，以便达到既定组织目标的过程。

（二）现代物流管理的特征

1. 以实现顾客满意为首要目标

现代物流管理是以顾客需要为出发点，从顾客服务目标的设定开始，追求顾客服务的差别化战略，以满足顾客个性化需求。现代物流管理通过提供顾客所期望的服务，在积极追求自身交易扩大的同时，强调实现与竞争企业在顾客服务方面的差别化，在了解竞争对手的战略基础上，努力提高顾客的满意度。在现代物流管理中，顾客服务的设定优先于其他各项活动并且为了使物流服务能有效地开展，在物流体系的基本建设上，要求具备并完善物流中心、信息系统、作业系统和组织构成等条件，如在物流系统中必须做到物流作业效率化，应该运用适当的方法和手段使企业最有效地降低物流成本。

2. 重视整个流通渠道的货物流动

以往我们认为的物流是从生产阶段到消费阶段的货物流动，也就是说物流管理的主要对象是“销售物流”和“生产物流”，而现代物流管理的范围不仅包括销售物流和生产物流，还包括供应物流、逆向物流及废弃物物流，而且现代物流管理还突破了企业内物流的界限，开始从整个供应链的角度构建物流系统，强调成员单位之间的双赢式合作，提高整个供应链的物流效率，降低整个供应链的物流成本，从而使各成员单位受益。

3. 追求企业整体最优

充分的分工与合作是当今市场的发展趋势，如果企业物流仅仅追求“部分最优”或“部门最优”，不可能整合自身拥有的内外资源，也无法在日益激烈的市场竞争中取胜。因此，现代物流管理所追求的费用、效益，是针对采购、生产、销售、物流等全体最优而言的，跨越了各部门的分歧与差异。

4. 重视效率、更重视效果

现代物流管理从原来重视物流的设备等硬件要素转向重视信息等软件要素；从以前运输储存为主的活动转向物流的全过程；从原来的作业层次转向管理层次；从原来注重运力保障、降低成本等企业内部需求，转变为注重物流服务水平提高等市场需求，更进一步地发展到重视环境等社会需求。因此，现代物流管理不仅重视效率方面的因素，更强调的是整个流通过程的物流效果，也就是说，从成果的角度来看，有些物流活动虽然使成本上升，但如果它能有利于整个企业战略的实现，那么这种物流活动仍然是可取的。

5. 以信息为中心满足市场实际需要

现代物流管理活动已不是单个生产、销售部门或企业的事，而是包括供应商、批发商、零售商等关联企业在内的整个统一体（供应链）的共同活动，因而现代物流管理通过这种供应链强化了企业间的关系。如果说部门间的采购、生产、销售、物流结合追求的是企业内经营最优的话，那么供应链管理则是通过所有市场参与者的联盟追求全过程效率的提高，这种供应链管理带来的一个直接效应是产需的结合在时空上比以前任何时候都要紧密，并带来了经营方式的改变，即从原来的投机型经营（生产建立在市场预测基础上的经营行为）转向实需型经营（根据订单生产），同时伴随着这种经营方式的改变，在经营管理要素上，信息已成为物流管理的中心，因为没有高度发达的信息网络和信息支撑，实需型经营是无法实现的。

6. 是对商品运动的一元化管理

伴随着商品实体的运动，必然会出现“场所移动”和“时间推移”这种物流现象。在当今产销紧密联系及流通整体化、网络化的过程中，“时间推移”已成为一种重要的经营资源。因为现代经营的实需型发展模式，不仅要求物流活动能实现经济效率化和顾客服务化，而且还必须及时了解和反映市场的需求，并将之反馈到供应链的各个环节，以保证生产经营决策的正确和再生产的顺利进行。所以说，缩短物流时间，不仅决定了流通全过程的商品成本和顾客满意，同时通过有效的商品运动为生产提供全面准确的市场信息。只有这样才能创造出流通网络或供应链价值，并保证商流能持续不断地进行。从物流时间形态上看，只有整体地、全面地把握控制相关的各种要素和生产经营行为，并将之有效地联系起来，才能实现时间缩短的目标。显然，这要求物流活动的管理应超越部门的层次，实现高度的统一管理。现代物流管理所强调的就是如何有效地实现一元化管理，真正把供应链思想和企业整体观念贯彻到管理行为中。

（三）现代物流管理的过程

按照现代物流管理进行的顺序可以划分为三个阶段，即计划阶段、实施阶段和评价阶段。

1. 物流计划阶段

物流计划是为了实现想达到的目标所做的准备性工作。它分为三个步骤：首先，要确定所要达到的目标，以及为实现这个目标所进行的各项工作的先后次序。其次，要分析研究在物流目标实现的过程中，可能发生的各种影响，尤其是不利因素，并确定应对这些不利因素的对策。最后，要提出贯彻和指导实现物流目标的人力、物力、财力的具体措施。

2. 物流实施阶段

物流计划确定以后，要把物流计划付诸实施。物流的实施管理就是对正在进行的各项物流活动进行管理。它包括对物流活动的组织和指挥，对物流活动的监督和检查，对物流活动的调节等活动。

3. 物流评价阶段

物流评价是对物流实施后的结果与原计划的物流目标进行对照、分析的过程，可分为专门性评价和综合性评价。专门性评价是对物流活动中某一方面或具体活动作出的分析，如仓储中的货物吞吐数量完成情况、运输中的吨公里完成情况等；综合性评价是对某一管理部门或机构物流管理水平的全面分析，如仓库的全员劳动生产率、运输部门的运输成本等。

二、现代物流管理的主要内容和作用

（一）现代物流管理的主要内容

现代物流管理不仅是企业的微观问题，也是社会的宏观问题。政府面临的物流管理课题是如何创造现代物流发展的宏观环境，培育和发展物流市场，如物流基础设施的规划和建设、物流政策法规的制定执行、物流与环境和城市发展的矛盾协调等。这里主要讨论微观层面的物流管理内容。

1. 从管理层次上看物流管理的内容

（1）物流战略管理。企业物流战略管理就是站在企业长远发展的立场上，就企业物流的发展目标、物流在企业经营中的战略定位、物流服务水平和物流服务内容等问题作出整体规划。

（2）物流系统设计与运营管理。企业物流战略确定以后，为了实施战略必须要有一个得力的实施手段，即物流运作系统。作为物流战略制定后的下一个实施阶段，物流管理的任务是设计物流系统和物流网络、规划物流设施、确定物流运作方式和程序等，形成一定的物流能力，并对系统运营进行监控，及时根据需要调整系统。

（3）物流作业管理。在物流系统框架内，根据业务需求，制订物流作业计划，按照计划要求对物流作业活动进行现场监督和指导，对物流作业的质量进行监控。

2. 从具体业务上看物流管理的内容

（1）对物流活动诸功能要素的管理。物流活动诸功能要素包括运输、仓储、配送、包装、装卸搬运、流通加工和信息处理七个方面。

（2）对物流系统诸要素的管理。物流系统诸要素主要包括人、财、物、设备设施、方法等内容。

讨论

情境中的物流企业都开展了哪些物流管理活动？

（二）现代物流管理的作用

现代物流管理的基本出发点是广泛采用现代物流的组织方式和现代物流技术，提高物流合理化水平，降低物流成本，提供优质的物流服务，满足顾客需要。

1. 物流管理工作是企业核心能力的组成部分

目前，物流相对于企业来说，再也不是可有可无的附属行为。物流能决定企业满足市场需求的能力。物流环节畅通与否，决定了企业能否有效地在适当的时间、以适当的价格、将适销对路的产品送达到适当的市场满足特定顾客需求，影响企业能否有效地进入并占领市场。物流运作的时间决定了企业能否为顾客提供时间或空间上的效用、创造价值，决定了企业的产品能否顺利地销售出去并实现增值。因此，物流作为企业运转的后方支撑，已经成为企业核心能力的重要组成部分。

2. 物流管理工作是企业经营运转的必要保证

随着市场全球化的发展，物流作为人们日常生活、工作所需用品的配置方式，正对现代社会的基本经济活动起着关键的后方支柱作用，它决定了企业所需的生产用料能否及时地获得、企业的正常生产计划能否按时地进行、企业的产品在销售后能否及时地进入市场、售后服务能否适时地提供，等等。因此，物流管理已是企业经营正常运转必需的保证之一。

3. 物流管理是企业提高效益的手段

有专家学者认为物流是经济领域的黑暗大陆；也有专家学者认为物流就像一座冰山，露出海面的仅是物流费用的一小部分，大部分物流费用隐藏在海水中；还有专家学者认为物流是企业的第三利润源泉。可见，企业的物流能力决定了企业的产品和服务及信息能否快速地流转，商品的周转率能否提高，在市场上的产品销售能否按计划进行，也就决定了企业整个市场营销活动的成败。通过物流系统的高速运转，企业可以实现以较低的在库水平和准时生产来满足多品种、少批量的个性化市场需求，同时通过物流信息的实时传递和交换，企业可以更加科学合理地安排生产经营活动，从而最大限度地减少资源浪费，减少资金占用，降低总成本，增加利润，提高效益。

三、现代物流管理的目标和原则

1. 物流管理的目标

（1）现代物流管理以实现客户满意为第一目标，这里的客户不仅指物品的需求方，还包括物流服务的接受方，即物流业务的委托方。客户满意是一个综合指标，具体包括效率、质量、速度、成本、安全等。

（2）现代物流管理以整体最优为目的，这里的整体最优表现为对运输、储存、装卸、配送、信息等基本功能要素实施优化管理，处理好物流各要素之间的“二律背反”关系，在保证物流系统效率与质量的前提下，实现物流成本的最小化。

（3）现代物流管理既重视效率更重视效果，即在确保整体最优的基础上充分重视环保、公害、交通等因素，积极发展符合21世纪发展潮流的绿色物流。

讨论

通过物流管理，案例中的企业实现了什么目标？

2. 物流管理应遵循的基本原则

（1）在总体上，坚持物流合理化的原则，就是在兼顾成本与服务的前提下，对物流系统的构成要素进行调整改进，实现物流系统整体优化。

（2）在宏观上，除了完善支撑要素建设外，还需要政府及有关专业组织的规划和指导。

（3）在微观上，除了实现供应链的整体最优管理目标外，还要实现服务的专业化和增值化。现代物流管理的永恒主题是成本和服务，即在努力削减物流成本的基础上，努力提升物流增值性服务。

（4）在服务上，具体表现为7R原则，即适合的质量（Right Quality）、适合的数量（Right Quantity）、适合的时间（Right Time）、适合的地点（Right Place）、优良的印象（Right Impression）、适当的价格（Right Price）和适合的商品（Right Commodity），即为客户提供上述七个方面的恰当服务。

四、现代物流管理的发展趋势

1. 第三方物流管理

第三方物流是指供需双方部分或全部物流功能的外部物流服务提供者。第三方物流符合社会化大生产和专业化分工的发展要求，具有规模经济效应，更能提高物流效率。第三方物流作为物流服务的专业提供者，具有快捷、安全、服务水准高、成本低的特点。单个企业的物流经营目标是如何在最短的时间内将物品送至客户手中，更多考虑的是库存和配送速度之间的优化、平衡，服务对象为单个零散的客户；而第三方物流是与多个不同企业建立长期稳定的合作关系，把这些企业的物流整合起来进行统一管理运作，在实现自身效益最大化的同时，事实上也实现了社会物流的合理化。如果第三方物流能为多个供应链提供服务，则将大大节约社会物流成本，提高社会经济效益。

2. 供应链物流管理

面对国内、国际两个市场，物流活动已延伸到全球经济的每个角落。如果产业链上下游企业仅是根据自己的需求预测和库存策略作出生产计划、采购计划，而不及时与上游的供应商保持稳定的联系，货源就可能中断，从而带来损失；或者企业不考虑下游企业或消费者的实际需求，则作出的生产计划往往可能与实际市场需求脱节，导致库存增加，效益下降。针对这些问题，人们提出了供应链管理理论，也产生了供应链下的物流管理，即在供应链上的企业摒弃了局部管理思想的条件下，物流企业通过合同、契约的形式，与供应链上其他成员企业建立并形成长期稳定的战略伙伴关系，利用系统的观念和方法对物流系统进行整合，以达到整个供应链物流系统的最优，从而降低物流成本，获取供应链的竞争优势。

现代管理教育对供应链的定义为“供应链是围绕核心企业，通过对商流、信息流、物流、资金流的控制，从采购原材料开始，制成中间产品及最终产品，最后由销售网络把产品送到消费者手中的将供应商、制造商、分销商、零售商、直到最终用户连成一个整体的功能网链结构。

3. 绿色物流管理

物流主要由运输、仓储、装卸搬运、包装、配送等环节构成，在进行物流活动的过程中不可避免地对环境造成危害，造成环境污染，增加社会成本。如运输对环境的污染、包装物对环境的污染、储运的有毒有害物品对环境的污染、废弃物对环境的污染等。绿色物流管理是从环保的角度对物流体系进行改进，形成了与环境共生型的物流管理系统。这种物流管理系统是建立在维护地球环境和经济可持续发展的基础上，强调全局和长远利益。

4. 动态联盟物流管理

出于相互间的互补性合作，实现对整体竞争力的提高和资源配置最优的考虑，在对合作对象的各项业务进行彻底调查的基础上，企业应选择对经营业务最具有互补性质的物流合作伙伴结成不断调整的动态联盟，共同进行物流的一体化操作。通过对物流作业的准时而有效的反应，赢得时间与空间价值，达到 1+1>2 的系统最佳的效果。

任务二　掌握常用物流设施和设备的管理方法

任务情境

对于物流中心作业而言，收货、库内搬运作业、拣货、发货及增值服务作业是有机联系的。应该从总体优化的角度把握物流设备规划，以实现作业高效率和节省作业成本的总体目标。当你走进沃尔玛物流中心、BIG-W（澳大利亚）物流中心、联华上海物流中心、7-11 台湾捷盟行销物流中心，你会惊奇地发现，怎么同是优秀企业的物流中心，但是其中的设施设备选择迥异，在 BIG-W 物流中心这个南半球最大的商业物流中心，你会发现高速分拣机占了其面积的一半；在沃尔玛深圳的物流中心，大量无线射频设备的应用使其物流运作非常灵活；而在 7-11 物流中心，你又会发现，其他地方看不到的电子标签系统承担了物流作业的主力。究其原因，是物流中心的作业需求决定了物流设备的选择结果。这就引出物流设备规划与选择方法的最重要前提，“最好的设备不见得最适合作业需求，但是，最适合作业需求的设备就是最好的”。

（资料来源：http://www.chinacpx.com/zixun/66690.html）

任务要求

结合任务情境，回答以下问题：

1. 你了解哪些物流设施和设备？它们都有哪些作用？
2. 你认为在选择物流设施和设备时，需要考虑哪些因素？

知识准备

物流设施和设备是指进行各项物流活动所需的工具、设备、设施和其他物质手段的总称。物流设施和设备包括物流机械设备和物流基础设施。

物流设施和设备是完成物流各项活动的工具与手段，是组织物流活动的物质技术基础。离开一定的物质技术条件，任何物流活动都将无法进行。物流设施和设备对于提高物流系统的能力与效率、降低物流成本、保证物流质量等方面都有非常重要的影响。它是物流企业实现经营目标的技术保障和物质基础，是反映物流技术水平高低的主要标志。

一、物流设施与设备的种类

为满足客户不同的物流需求，完成各种物流活动，需要种类繁多、形式多样的设施与设备。

1. 物流基础性设施

（1）物流网络结构中的枢纽点，既包括全球、全国或区域范围内的交通枢纽，如铁路枢纽、公路枢纽、航空枢纽、水运枢纽等，也包括辐射一定经济区域的物流基地。

（2）物流网络结构中的线，如铁路、公路、航道、输送设备等。

（3）物流基础信息平台，主要为企业的物流信息系统提供基础信息服务，是不同企业之间的物流信息支持枢纽。

2. 物流功能性设施

（1）以货物存放为主要职能的节点，货物在这种节点上停滞时间较长，如储备仓库。以货物流动为主要职能的节点，如配送中心、中转仓库、流通加工型仓库。

（2）物流网络中的载体，包括货运汽车、货运列车、货运飞机、货运船舶、输送管道等。

3. 物流机械设备

（1）物流仓储设备，主要有货架、货箱、托盘、堆垛机、叉车、室内搬运车、出入库输送设备、分拣设备、搬运机器人、制冷设备、计算机管理与监控系统。常见的货架有托盘式货架（如图 4-1 所示）、阁楼式货架（如图 4-2 所示）、重力式货架（如图 4-3 所示）等。

图 4-1 托盘式货架

图 4-2 阁楼式货架

图 4-3 重力式货架

（2）起重机械，用于重物的提升、降落、移动，是现代物流活动中不可或缺的物流设备，其中轮式起重机（如图 4-4 所示）、龙门吊（如图 4-5 所示）等均为常见的起重机械。

图 4-4 轮式起重机

图 4-5 龙门吊

（3）输送机械，是指按照规定线路连续或间歇地运送货物的搬运设备，主要有带式输送机、链式输送机、斗式提升机、埋刮板输送机、悬挂输送机、辊道式输送机、气力输送机、架空索道。

（4）流通加工机械，主要有切割机械与包装机械两大类，其中切割机械有金属、木材、玻璃、塑料等原材料切割机，包装机械有充填、罐装、捆扎、裹包、贴标、封口、清洗、包装等机械及防潮、防腐、防锈加工和冷冻加工设备。

（5）集装单元器具，主要有集装箱（如图 4-6 所示）、托盘（如图 4-7 所示）、周转箱（如图 4-8 所示）等。

图 4-6　集装箱

图 4-7　托盘

图 4-8　周转箱

根据《联运通用平托盘 主要尺寸及公差》国家标准修订说明，确定在 ISO 国际标准的六个尺寸中重点推行其中的 1200mm×1000mm 和 1100mm×1100mm 这两种规格的托盘作为我国联运通用标准托盘，且规格 1200mm×1000mm 为优先推荐的托盘规格。

（6）室外搬运设备，主要指厂区、码头、车站应用极为广泛的叉车（如图 4-9 所示）、跨运机、装船机（如图 4-10 所示）、卸船机、取料机、堆料机、码垛机、牵引车和起吊设备。

图 4-9　叉车

图 4-10　装船机

（7）物流信息管理设备，主要包括光电识读设备、条码扫描器、电子数据交换设备、货物跟踪设备、物流监控设备等。

讨论

你见过哪些物流设施和设备？它们分别都有什么作用？

二、物流设施和设备的选择原则

物流设施和设备一般投资较大，使用期限较长，在配置选择时一定要进行科学和统一的规划。物流设备选择总的原则是技术上先进，经济上合理。采用先进设备的目的是为了获得最大的经济利益，不是片面地追求技术上的先进。一般来说，技术先进和经济合理是统一的。这是因为，技术上先进往往表现为设备的生产率高，能够保证作业质量。但是，有时两者的表现是矛盾的。例如，某台设备的效率比较高，但可能能源消耗量大，或者设备零部件磨损快；某些先进设备自动化水平和生产效率都很高，适合大批量作业，但在作业量还不够大的情况下使用，往往会负荷不足，此时，从经济效果的角度看购置这类先进设备是不合算的，也是不可取的。通过以上分析可以看出，在选择机器设备时，必须全面地考虑到技术和经济要求。通常应考虑以下几方面：

（1）生产性，指物流设施和设备的效率，如功率、行程、速率等一系列技术参数。物流企业设施和设备的选择要与企业物流业务量相吻合，即力求做到机械的作业能力与现场作业量之间形成最佳的配合状态。

（2）节能性，指物流设施和设备利用能源的性能和节约能源的性能，如热效率、能源利用率等。节能性好的物流设备表现为热效率高、能源利用率高、能耗低。

（3）维修性，指物流设施和设备检查、维修的难易程度。选购设备和设施时要选择维修性好的，即设备和设施的结构合理，维修时便于检查和拆卸，零件互换性强等。因为维修会直接影响设备和设施的维护修理工作量和费用的支出额。

（4）可靠性，指物流设施和设备的精度、准确度、安全可靠性及使用寿命的长短等。

（5）成套性，指物流设备要配套，各种附属设备、配套设备、工具要齐全，便于购买和更换，同时设施与设备性能与物流作业环节及生产能力等方面相互配套与衔接。

（6）灵活性，指物流设备的适应性要强，能适应不同的工作条件和环境，操作、使用要灵活，通用程度强。

（7）环保性，指在选择物流设施和设备时，要注意设备和设施的噪声及排放物对环境的污染。

（8）经济性，指在选择物流设施和设备时，要充分考虑投资效果，选择设备和设施的投资费用要少，投资回收期要短，保证经济上合理。

讨论

结合案例，说明为什么“最好的设备不见得最适合作业需求，但是，最适合作业需求的设备就是最好的”。

三、物流设备的使用和维护保养

1. 物流设备的正确使用

物流设备的正确使用是设备管理中的一个重要环节。物流设备的正确、合理使用包括两方面的含义：一要防止对设备的蛮用、滥用；二要防止设备的闲置不用。只有充分提高物流设备的利用率，正确合理地使用设备，才可以在节省费用的条件下，充分发挥设备的工作效率，延长设备的使用寿命，为提高物流企业的经济效益做贡献。为此，物流设备的管理要做到以下几点：

（1）要为各类物流设备合理地安排生产任务。使用设备时，必须根据工作对象的特点，合理安排生产任务，避免人为的损失。一方面，要严禁设备超负荷运转，不要“小马拉大车”；另一方面，也要避免“大马拉小车”，造成设备和能源的浪费。

（2）切实做好员工操作物流设备的技术培训工作。员工在操作、驾驶、使用设备之前，必须学习有关设备的性能、结构和维护保养知识，掌握操作技能和安全技术规程等必需的知识和技能，经过考核合格后，方允许使用设备。

创造使用物流设备良好的工作条件和环境，如安装必要的防护、防潮、防腐、保暖、降温等装置。

（3）要针对物流设备的不同特点和要求，制定一套科学的规章制度，包括安全操作规程、岗位责任制、定期检查维护规程等。在这些制度里，具体规定各类物流设备的使用方法、操作和维护保养的要求，以及其他有关注意事项。

2. 物流设备的维护保养

物流设备在使用过程中，技术状态会不断变化，不可避免地出现摩擦、零件松动、声响异常等不正常的现象。这是设备的隐患，如果不及时处理，就会造成设备的过早磨损，甚至酿成严重的事故。因此，只有做好设备的维护保养工作，及时地处理技术上的常见问题，随时改善设备的使用情况，才能保证设备的正常运转，延长其使用寿命。物流设备的保养管理，主要做好以下几个方面的工作：

（1）物流设备操作人员负有对设备维护保养的职责。通过技术培训，要求达到“三懂、四会”，即懂设备性能原理、懂岗位技术、懂作业流程；会操作、会维护、会调整、会排除故障。同时，还要配备专业的设备维护保养人员。

（2）加强对物流设备的日常维护保养，严格执行维护保养制度。物流设备维护保养的主要内容是：清洁和润滑。清洁就是指设备内外要清洁干净，各滑动面无油垢、无碰伤；各部位不漏油、不漏水、不漏气；作业面及周围无杂物。润滑就是按时加油、换油；油质符合要求；油壶、油枪、油杯齐全；油线、油路畅通。

四、我国物流设施和设备与技术发展状况

物流设施和设备与技术在物流产业转型升级过程中具有重要作用。近年来，我国交通基础设施建设稳步推进，运输网络布局不断完善，主要物流通道的通过能力持续增强；物流中心和专业化物流园区的建设快速推进，物流园区的集聚效应逐步显现；物流设施和设备中各类运输工具保有量不断增加，环保与重载技术水平不断提升，仓储设备也在逐步向智能化、标准化方向发展；随着物流公共信息平台建设的加快，物联网技术在物流领域中的应用日益深化。

1. 中国综合交通运输体系建设取得新进展

根据《交通运输行业发展统计公报》，截至2014年底，全国公路总里程达446.39万公里，等级公路占全国公路总里程的比重提高到 87.4%，其中高速公路里程达到11.19万公里；全国铁路营业里程达到11.2万公里，高速铁路达到1.6万公里；全国内河航道通航里程达到12.63万公里，其中等级航道6.54万公里，占总里程的51.8%；民航基础设施规模继续增长，中国境内颁证民用航空机场达202个，其中定期航班通航机场200个。同时，我国综合运输通道建设取得新进展，国际运输通道建设速度加快。

2. 中国物流装备发展状况

我国各类运输工具总量持续增长，物流装备制造企业不断加大对运输设备的研发力度，重载技术和环保技术不断提高；仓储设备方面，我国的货架、托盘、叉车

等仓储设备的需求量继续增长，需求类型向智能化和环保化方向发展。

2014 年，我国拥有载货汽车达 1453.36 万辆，铁路货车拥有量达 71.01 万辆，水上运输船舶 17.20 万艘。同时各类运输工具重载能力均有不同程度的增长，公路方面载货汽车平均吨位达到 7.08 吨/辆，水上运输船舶平均净载重量达到 1499.34 吨/艘，铁路方面电力机车的比例继续上升，达到 55%。

仓储设备方面，仓储货架需求快速增长，自提货柜系统需求激增；具有环保性、耐久性优势的塑料托盘应用比例不断增长，现达到 12%以上，标准化程度有待提高，标准规格托盘仅占托盘总保有量 23%左右；叉车需求增长，自动化仓库的智能穿梭车技术得到应用，智能穿梭车与密集型货架相结合，可以大大提高仓储设施的空间利用率，在单品出货量较大的产品领域具有很好的竞争力；输送分拣设备需求继续增长，智能化水平进一步提高。

物流标准化工作稳步推进，我国正式制定、颁布或实施了多项国家基础性物流标准，这些标准涵盖了物流服务、物流操作、物流信息化等多个方面，如表 4-1 所示。

表 4-1　国家基础性物流标准（部分）

类　别	标 准 名 称
物流服务类	《物流企业分类与评估指标》、《物流服务合同准则》、《物流园区服务规范及评估指标》、《物流园区统计指标体系》、《物流景气指数统计指标体系》等
物流操作类	《仓储物流自动化系统功能安全规范》、《仓储绩效指标体系》、《集装箱货运代理服务规范》等
物流信息化	《自动作业仓储配送包装箱信息标识通用规范》、《物流装备管理监控系统功能体系》、《仓单要素与格式规范》、《物流仓库货架储位编码》、《贸易与运输状态代码》等

任务三 了解现代物流技术

任务情境

中外运（久凌）汽车运输有限公司是中外运集团内专业的陆上运输企业，主要经营国际物流、国内物流和汽车、零配件及检测仪器的进口及国内销售等汽车综合服务业务，同时配合集团海运、空运公司开展多式联运。目前，久凌公司的部分公路营运车辆已经装备了全球卫星定位系统和跟踪系统，并正与国际著名软件公司合作在全集团推广先进的仓储物流信息系统，逐步推进物流电子化。通过先进的物流信息技术的运用，达到了以下效果：

1. 了解车辆运行情况

久凌公司的车辆安装了卫星定位系统，可以对车辆的运行情况进行了解。公司的调度中心可以得到车辆的位置；同样，司机和调度员也可以互相发信息，这样就可以了解车辆的运行轨迹和情况。

2. 提高产品周转速度

通过信息系统的应用，久凌公司提高了产品的周转速度，更好地为客户提供服务。在仓储方面，久凌公司把运作与客户需求紧密结合起来，通过仓库条码信息采集，使用扫描等信息技术了解产品进出货情况，保证厂家先来的产品先出；了解产品的销售状态，并且通知客户。客户通过久凌公司就可以知道货物在全国的布局情况，有助于实现资金周转的最大化、库存管理的最优化。

3. 全程货物查询

久凌公司目前以有储运能力的公司为中心，把全国划分为东北、华东、华北、华中、华南、西南和西北 7 个区域。在这些区域覆盖范围内，久凌公司就可以保证在 48h 内将货物送达目的地，并且能够提供全程货物查询服务，在北京、河北、河南、湖北、湖南和广东，久凌公司还可以按客户要求，提供门到门送货服务。

久凌公司电子物流的功能十分强大，能够实现系统之间、企业之间及资金流、物流、信息流之间的无缝链接，帮助企业最大限度地控制和管理库存。今后的电子化物流将由于全面应用了客户关系管理、商业智能、计算机电话集成、互联网等先进的信息技术手段，以及配送优化、动态监控、智能交通、仓储优化配置等物流管理技术和物流模式，从而为久凌建立敏捷的供应链系统提供强大的技术支持。

（资料来源：http://www.docin.com/p-669929025.html）

任务要求

结合任务情境，回答以下问题：

1．久凌公司采用了哪些物流技术？这些技术有哪些作用？

2．久凌公司采用先进的信息技术后取得了什么效果？

知识准备

一、物流技术的概念和种类

物流技术是指物流活动中所采用的自然科学与社会科学方面的设施、设备、装置、工艺及相关理论与方法的总和。它包括了在采购和运输、装卸与搬运、存储、包装、流通加工和信息处理等物流活动中所使用的各种设施、设备和工具，以及由现代自然及社会科学理论知识在实践运用中发展而成的各种方法、技巧和相关作业程序等。

从不同的角度来看，现代物流技术的种类和构成有所不同。现代物流技术主要有以下分类。

1．按范围划分

按范围划分，物流技术可分为狭义物流技术和广义物流技术。

狭义的物流技术主要是指在物流活动过程中的有关物流技术，如货物实体在运动过程中的物流技术；有关物流信息活动中的物流技术等。狭义的物流技术可大致理解为在物流活动中所涉及的自然科学方面的各种设施、设备、装置与工艺等。

广义的物流技术不仅包括物流活动过程中的有关物流技术，而且也包括其构成之外的物流系统、思想、方法等方面的物流技术与物流规律。广义的物流技术可理解为在物流活动中所涉及的自然科学与社会科学方面技术的总和。

2．按形态划分

按形态划分，物流技术可分为物流硬技术和物流软技术。

物流硬技术是指在实物流通过程中所涉及的各种设备、工具、设施、场站、车辆、计算机、通信设备等。20 世纪 70 年代以前，物流活动是以物流硬技术为主导的，如大型专用货运船舶、集装箱船、自动化仓库等。目前，发达国家的物流硬技术发展迅速，物流设施与装备标准化、自动化程度日益提高，以 EDI、RF、互联网为基础的物流信息网络被广泛采用。

物流软技术是指以提高物流系统化整体效益为中心，在分析、规划、设计等方面的技术及现代管理方法和程序。如各种物流设施、设备的优化组合、搭配与衔接；

物流中心与配送中心作业和运输终端的合理配置，货物配装配载的确定；运输方式的合理选择；物流信息系统处理方法和程序等。物流软技术是充分发挥物流硬技术的潜力、实现合理运用、获得最佳经济效果的一个有力支撑。当前，物流技术遵循的是以物流硬技术与软技术相结合，以物流软技术的开发和运用为主导的发展思路。

3. 按内容划分

按内容划分，物流技术可分为物流实物作业技术和物流信息技术两部分。

物流实物作业技术主要包括运输技术、装卸搬运技术、仓储保管技术、流通加工技术、包装技术等。

物流信息技术是目前比较普遍使用的技术，它主要包括条码技术、射频识别技术、地理信息技术、全球卫星定位技术、电子数据交换技术等。随着网络与通信技术的发展，物流信息技术也在飞速发展变化，它已成为现代物流技术中必不可少的组成部分。

二、常见的现代物流技术

（一）运输技术

一般来说，运输技术主要包括运输货物装载技术、网络分析技术、运输方式的组合技术等。

1. 运输货物装载技术

运输货物装载技术主要用于提高货物的装载量。一方面是要最大限度地利用运输工具的载重吨位；另一方面是要充分利用运输工具的装载容积。运输货物的装载技术主要包括轻重配载技术、解体运输技术和堆码技术等。

2. 网络分析技术

网络分析技术也称为网络分析法、统筹法、关键线路法等，应用到运输上是一种科学地组织管理运输的技术。具体运作就是依据运输工序所需工时为时间因素，展出运输工序之间相互联系的网络图，以反映整个运输过程和任务的总体情况。通过分析，找出对全局有重大影响的关键线路，对运输任务的各个工序作出比例合理的安排，使运输系统能在最短时间内以最少的人、财、物的消耗，完成运输目标。

3. 运输方式组合技术

运输方式组合技术是综合考虑货物本身性质、运输设施和设备的特点及运输线路的自然条件、社会条件，将公路、铁路、航空、水路、管道等运输方式结合起来，能找出最佳运输方式，达到降低运输成本，提高运输效率的目的。

（二）装卸搬运技术

装卸搬运活动是随运输和保管等活动而产生的必要活动。装卸搬运技术是指装卸搬运活动中所使用的各种装卸搬运设备和工具，以及由科学理论知识和实践经验发展而成的各种装卸搬运方法、技能与作业程序等，它一般由装卸搬运方式的选择、装卸搬运合理化、装卸搬运设备的运用等内容构成。

目前的装卸搬运技术革新紧紧围绕着集装单元化技术。集装单元是指用各种不同的方法和器具，把有包装或无包装的物品整齐的汇集成一个扩大的、标准的、便于装卸搬运的作业单元，这个作业单元在整个物流过程中保持一定的形状。

集装单元化技术是物流管理硬技术与软技术的有机结合。集装单元的实质就是要形成集装单元化系统，集装单元化系统是由货物单元、集装器具、装卸搬运设备和输送设备等组成的高效、快速地进行物流服务的系统。

集装器具主要有三大类，即托盘、集装箱和其他集装器具。

集装单元化是物流现代化的标志。随着科学技术的发展，生产技术得到了发展，各种交通工具和交通设施及交通网络也得到了不断发展，同时由于市场扩大了，为大量生产提供了良好的环境，而大量生产的产品要输送到各地，因此大批量、长距离输送显得越来越重要。要实现大批量、长距离的输送必须依靠集装单元化技术，目前世界各国大都采用了集装单元化技术进行物流活动。

（三）仓储技术

仓储是企业物流领域的一个中心环节，包括货物的出入库、储存、保养、维护、分拣、配货等。

仓储技术包括货架技术、自动化仓库技术、商品保管与养护技术、库房湿温度控制技术、库存控制技术、安全消防技术、计量检测技术、自动仓储系统管理与控制技术等。

1. 货架技术

货架是专门用于存放成件物品的储存设备，货架在物流及仓库中占有非常重要的地位。货架能充分利用空间，增大存储能力；便于存取、计量、清点，做到先进先出；能提高货物储存质量；便于实现机械化操作。

2. 自动化仓库技术

自动化仓库系统是指使用多层货架、能在巷道内的任何货位自动地储存、取出货物的系统。

自动化仓库系统（如图 4-11 所示）具有以下特点：

（1）采用高层货架，可节省占地面积，提高空间利用率，防止货物的丢失及损坏。

（2）应用自动化设备自动存取，能提高劳动生产率，降低劳动强度，改善工作环境。

（3）自动化仓库采用计算机控制，能减少货物处理和信息处理过程中的差错，并有效地利用仓库储存能力。

（4）自动化程度高，能有效地衔接生产与库存，加快周转，降低成本。

（5）能实现企业信息管理的自动化。

图 4-11　自动化立体仓库

3. 商品保管与养护技术

商品保管与养护技术的目标是根据商品自身的自然属性及商品在储存期间质量变化规律对仓库中储存的商品进行保管与维护，以创造适宜的商品储存条件，维护商品在储存期的安全，保护商品的安全，降低商品的损耗。

4. 安全消防技术

随着科学技术的发展，现代仓库一般都配置有自动化程度较高的防盗报警系统、火灾自动报警系统、火灾喷水灭火系统等。

安全消防设备是指用于防止仓库盗窃、火灾，消灭火灾的各种安全消防器材、工具的总称。按照其用途，安全消防设备常分为防盗报警传感器；火灾自动报警设备；灭火器；自动喷水灭火设备；消防车、消防梯、消防水泵；给、蓄、泵水设备等。

5. 计量检测技术

计量检测技术主要是指计量检测设备的应用。计量设备是对物品的重量、长度、数量、容积等量值进行度量的器材、仪器的总称。

计量设备根据计量方法的不同可以分为：重量计量设备，如各种磅秤、地中衡、轨道衡、电子秤；流体容积计量设备，如液面液位计、流量计；长度计量设备，如检尺器、长度计量仪；个数计量设备，如自动计数器、自动计数显示装置。

在仓库内接收、分发等作业中，最广泛使用的是重量计量设备。重量计量设备按结构原理，可分为机械秤、电控机械秤、电子秤等。

（四）包装技术

包装技术包括包装材料、包装设备和包装方法。通常的包装技术有充填、装箱、裹包、封口和捆扎等技术。某些货物因为有特殊的用途或特殊的情况，需要采用相应的包装技术，如防潮包装、防锈包装、防霉包装、防虫包装、充气包装等。包装技术涉及材料、机械、技术、贸易、工艺美术等方面，是一门综合应用的技术。

（五）物流信息技术

随着科学技术的飞速发展，现代物流也随之飞速发展，呈现出系统化、全球化、信息化、网络化、自动化等诸多特点，这将更多地增加对物流信息技术的依赖程度。现代物流信息技术是目前国际上广泛运用的、先进的、与计算机网络紧密结合的技术。物流信息技术是现代信息技术在物流各个作业环节中的应用，是物流现代化的重要标志。

1. 条码技术

条码是由一组规则排列的条、空及字符组成的用以表示一定信息的代码。这些粗细不同的线条表示一定的数据、字母信息和某些符号，是一种用光电扫描阅读设备识读并使数据输入计算机系统的特殊代码。

条码技术是为实现对信息的自动扫描而设计的，是一种对物流中的物品进行标识和描述的方法。自动识别技术是许多物流信息技术的基础。在超市和购物中心、加工制造业、国际贸易与国际物流等各种物流环节中，都能看到条码技术的应用。图 4-12 和图 4-13 所示分别为一维条码和二维条码。

6 937526 503743

图 4-12　一维条码

图 4-13　二维条码

2. 射频识别技术

射频识别（RFID）是一种无线通信技术，可以通过无线电信号识别特定目标并读写相关数据，而无须在识别系统与特定目标之间建立机械或光学接触。无线电信号是通过调成无线电频率的电磁场，把数据从附着在物品上的标签传送出去，以自动辨识与追踪该物品。某些标签在识别时从识别器发出的电磁场中就可以得到能量，并不需要电池；也有标签本身拥有电源，并可以主动发出无线电波。标签包含了电子存储的信息，数米之内都可以识别。与条形码不同的是，射频标签不需要处在识别器视线之内，也可以嵌入被追踪物体之内。

射频识别技术作为一项新技术发展非常迅速，射频识别产品种类繁多，它被广泛应用于工业自动化、商业自动化、交通运输控制管理、物流等众多领域，如高速公路自动收费系统（如图 4-14 所示）、电子物品监视系统、货运集装箱的识别系统等。

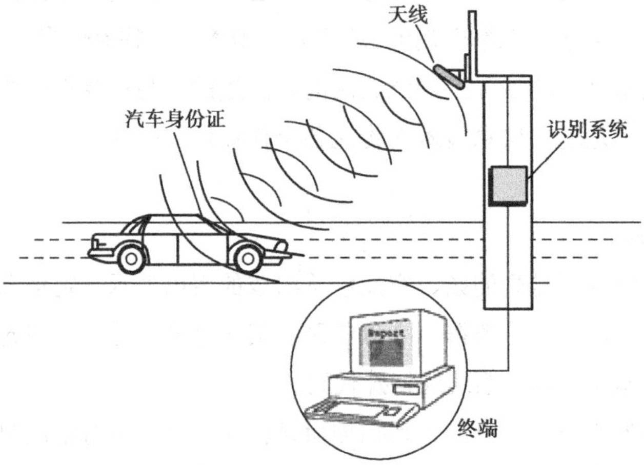

图 4-14　射频识别在车辆识别中的应用

3. 地理信息技术

地理信息系统（Geographic Information System，GIS），是一种重要的空间信息系统。它是在计算机硬、软件系统的支持下，对整个或部分地球表层（包括大气层）空间中的有关地理分布数据进行采集、储存、管理、运算、分析、显示和描述的系统。地理信息系统处理、管理的对象是多种地理空间实体数据及其关系，包括空间定位数据、图形数据、遥感图像数据、属性数据等，用于分析和处理在一定地理区域内分布的各种现象和过程，解决复杂的规划、决策和管理问题。

GIS 系统是 20 世纪 60 年代开始发展起来的地理学研究新成果，是各学科交叉的产物。它以地理信息数据为技术，采用地理模型分析方法，适时地提供多重空间的、动态的地理信息。GIS 的基本功能是将表格型的数据信息转换为直观的地理图形显示，其显示范围可以从洲际地图到非常详细的街区地图，可以显示包括人口、销售状况、运输线路等在内的多项内容。

GIS 技术在物流领域中的应用主要是依靠 GIS 物流分析软件，它集成了车辆路线模型、最短路径模型、网络物流模式、分配集合模型和设施定位模型等。

4. 全球卫星定位技术

全球卫星定位系统（Global Positioning System，GPS）是美国研制成功的，具有在海、陆、空进行全方位实施三维导航与定位能力的新一代卫星导航与定位系统。近十年我国测绘等部门的使用表明，全球定位系统以全天候、高精度、自动化、高效益等特点，赢得各行各业从业者的信赖。

GPS 在物流领域中的应用主要体现在：GPS 在汽车自动定位、跟踪调度、陆地救援方面的应用；GPS 在内河及远洋航运过程中对最佳航程和安全航线的测定、航向的实时调度方面的应用；GPS 在空中交通管理中的应用；GPS 在铁路运输管理方面的应用。

5. 电子数据交换技术

电子数据交换（Electronic Data Interchange，EDI）是指按照通用标准格式，将标准的经济信息，通过通信网络传输，在贸易伙伴的电子计算机系统之间进行数据交换和自动处理。由于使用 EDI 能有效地减少直到最终消除贸易过程中的纸面单证，因而 EDI 也被俗称为“无纸交易”。它是一种利用计算机进行商务处理的新方法。EDI 是将贸易、运输、保险、银行和海关等行业的信息，用一种国际公认的标准格式，通过计算机通信网络，使各有关部门、公司与企业之间进行数据交换与处理，并完成以贸易为中心的全部业务过程。

EDI 是企业信息集成的一种重要工具，通过 EDI，可以快速获得企业信息，提供更好的服务，减少纸面作业，并能为企业提供实质性的好处，如改善运作、改善与客户的关系、提高对客户的响应速度、缩短事务处理周期、减少订货周期中的不确定性等。EDI 广泛应用于物流业、零售业、制造业等领域。在这些行业的供应链上应用 EDI 技术，使传输发票、订单处理提高了效率。

任务四 掌握物流成本管理的方法

任务情境

对于连锁餐饮业来说，由于原料价格相差不大，物流成本始终是企业成本竞争的焦点。据有关资料显示，在一家连锁餐饮企业的总体配送成本中，运输成本占到

60%左右，而运输成本中的 55%～60%又是可以控制的。因此，降低物流成本应当紧紧围绕运输这个核心环节。

1. 合理进行运输排程

运输排程的意义在于，尽量使车辆满载，以减少总行驶里程。由于连锁餐饮业餐厅的进货时间是事先约定好的，这就需要配送中心就餐厅的需要，制作一个类似列车时刻表的主班表，此表是针对连锁餐饮餐厅的进货时间和路线详细规划制定的。

运输排程的构想最初起源于运筹学中的路线原理，从起点到终点有多条路径可供选择，每条路径的长度各不相同，要求找到最短的路线。首先，需要了解可行路线的里程、时间、数量；其次，因为每个点都有一定数量的货物需要配送或提取，因此要寻找的不是一条串联所有点的最短路线，而是每条串联几个点的若干条路线的最优组合；另外，还需要考虑许多限制条件，如车辆装载能力、车辆数目、每个点在相应的时间开放窗口等，问题的复杂度随着约束数目的增加呈几何级数增长。要解决这些问题，需要用线性规划、整数规划等数学工具，结合连锁餐饮业的物流配送需求，作出优化运输路线安排的软件。

2. 减少不必要的配送

对于产品保鲜要求很高的连锁餐饮业来说，减少不必要的配送频率，可以有效地降低物流配送成本。如果连锁餐饮餐厅要增加其每周配送频率，会对物流运作的哪些领域产生影响呢？

在运输方面，餐厅所在路线的总货量不会发生变化，但配送频率上升，结果会导致运输里程上升，相应地油耗、过路桥费、维护保养费和司机工时都要上升。在客户服务方面，餐厅下订单的次数增加，相应的单据处理作业也要增加。餐厅来电打扰的次数相应上升，办公用品的消耗也会增加。在仓储方面，所要花费的拣货、装货的人工会增加。如果涉及短保质期物料的进货频率增加，那么连仓储收货的人工都会增加。在库存管理上，如果涉及短保质期物料进货频率增加，由于进货批量减少，进货运费很可能会上升，处理的厂商订单及后续的单据作业数量也会上升。

由此可见，配送频率增加会影响配送中心的几乎所有职能。因此，减少不必要的配送，对于连锁餐饮企业显得尤其关键。

3. 提高车辆的利用率

车辆利用率也是值得关注的，提高卡车的利用率可以从增大卡车尺寸、改变作业班次、二次出车和增加每周运行天数等方面着手。

例如，配送中心实行 24 小时作业，卡车就可以利用晚间二次出车配送，大大提高车辆的时间利用率。在实际物流作业中，一般会将餐厅分成在上午、下午、上半夜、下半夜 4 个时间段收货，据此制定仓储作业的配套时间表，从而将卡车利用率最大化。

4．尝试歇业时间送货

目前我国城市的交通限制越来越严，卡车只能在夜间时段进入市区。由于连锁餐厅运作一般到夜间 24 点结束，如果赶在餐厅下班前送货，车辆的利用率势必非常有限。随之而来的解决办法就是利用餐厅的歇业时间送货。

歇业时间送货避开了城市交通高峰时间，既没有顾客的打扰，也没有餐厅运营的打扰。由于餐厅一般处在繁华路段，夜间停车也不用像白天那样有许多顾忌，可以有充裕的时间进行配送。

（资料来源：http://info.10000link.com/newsdetail.aspx？ch=2&doc=2008121000031）

任务要求

结合任务情境，回答以下问题：

1．物流活动的效率、物流活动的成本对于连锁餐饮企业的影响分别是什么？

2．为什么说追求低成本的过程就是为客户创造价值的过程？结合生活中的实例解答。

知识准备

一、物流成本的定义

（一）成本的概念

成本是企业为生产商品或提供劳务所耗费物化劳动和活劳动的货币表现，是商品价值的重要组成部分。

（二）物流成本的概念

1．狭义物流成本的概念

所谓狭义物流成本是指在物流过程中，企业为提供有关的物流服务，要占用和耗费一定的活劳动和物化劳动中必要的劳动价值的货币表现，是物流服务价值的重要组成部分。

一方面，物流同其他生产劳动一样，也创造价值，成为生产一定种类及数量产品的社会必要劳动时间的一项内容，其总额必须在产品销售收入中得到补偿；另一方面，物流又不完全等同于其他生产劳动，它并不增加产品使用价值总量，相反，产品总量往往在物流过程中因损坏、丢失而减少。在商品经济中，物流是创造时间价值、空间价值的过程，要保证物流活动的有序、高效率进行，就需要耗费一定的人力和物力。

2. 广义物流成本的概念

广义的物流成本包括狭义的物流成本与客户服务成本。客户服务成本主要在于物流活动是企业追求客户满意，提高客户服务水平的关键因素和重要保障，客户服务是连接和统一所有物流管理活动的重要方面。

本书所说的物流成本主要指狭义的物流成本。

二、物流成本的构成及分类

1. 物流成本的构成

物流成本涵盖了生产、流通、消费全过程的物品实体与价值变化而发生的全部费用，包括从生产企业内部原材料的采购、供应开始，经过生产制造中的半成品、产成品的仓储、搬运、装卸、包装、运输及在消费领域发生的验收、分类、仓储、保管、配送、废品回收等过程发生的所有成本。

（1）物流活动中的物资消耗——电力、燃料、包装材料及固定资产损耗。

（2）企业为开展物流活动的人力成本。

（3）物流活动中发生的其他费用——与物流有关的办公费、差旅费等。

（4）物资在物流活动中发生的合理损耗。

（5）用于保证物流系统运作顺畅的资金成本。

（6）研究设计、重建与优化物流过程的费用。

2. 物流成本的分类

按成本与业务量的关系分类，物流成本可分为固定成本和变动成本两项。

（1）固定成本。固定成本是指其总额在一定时期和一定业务量范围内，不受业务量增减变动影响而保持不变的成本，如固定资产折旧、管理人员薪酬、机器设备的租金等。需要说明的是，固定成本总额只是在一定时期和一定业务量范围内才是固定的。

（2）变动成本。变动成本是指其总额随业务量的变动而成正比例变动的成本，如直接材料、直接人工和包装材料费用等。

按计入营业成本的方式分类，物流成本包括直接成本和间接成本两项。

（1）直接成本。直接成本又称为可追溯成本，是指与某一特定的成本对象存在直接关系，二者之间存在明显的因果关系或受益关系，是为某一特定的成本对象所消耗。

（2）间接成本。间接成本是指与某一特定成本对象没有直接联系的成本，它为几种成本对象所共同消耗，不能直接计入某一特定成本对象的成本，如厂房的折旧等。

按转化为费用的不同方式分类，物流成本包括产品成本和期间成本两项。

（1）产品成本。产品成本是指可计入存货价值的成本，包括按特定目的分配给一项产品的成本总和。

（2）期间成本。有些费用，如租金和许多管理费用，不能与特定的收入相联系，它们的发生是为了维持公司在特定时期内的经营活动，因此被称为期间成本。

广义物流成本构成应包括狭义物流成本和客户服务成本。

2014 年，中国总物流成本占中国国内生产总值的 17.8%，这一数据不仅高于众多发达国家，也高于亚太和南美国家的平均值。其中美国物流成本比例仅为中国的一半。

三、物流成本管理的特点与影响因素

（一）物流成本管理的特点

在通常的企业财务决算表中，物流成本核算的是企业对外部运输业者所支付的运输费用或向仓库支付的商品保管费用等传统的物流成本。企业内部与物流活动相关的人员费、设备折旧费等，则与企业其他经营费用一同计算。而从销售关联的角度看，物流成本中过量服务所产生的成本与标准服务所产生的成本是混同在一起的，很多企业将促销费纳入物流成本之中。因而，从现代物流管理的角度看，企业难以准确把握全部的企业物流成本；还有，物流部门无法准确掌握的成本很多，如过量进货、过量生产、销售残次品的在库维持及紧急输送等产生的费用很难纳入其中，这也增加了物流成本管理的难度。

物流成本在很多企业财务会计制度中没有单独的项目。对物流成本的计算与控制，各企业通常是分散进行的。各类物流成本之间具有背反关系，一类物流成本的下降往往以其他物流成本的上升为代价。

（二）影响物流成本的因素

1. 竞争性因素

（1）订货周期。企业物流系统的高效必然可以缩短企业的订货周期，降低客户的库存，从而降低客户的库存成本，提升企业的客户服务水平，提高企业的竞争力。

（2）库存水平。存货的成本提高，可以减少缺货成本，即缺货成本与存货成本成反比。

（3）运输方式。企业采用更快捷的运输方式，虽然会增加运输成本，却可以缩短运输时间，降低库存成本，提高企业的快速反应能力。

2. 产品因素

产品的特性不同影响物流成本的高低，包括产品价值、产品密度、产品废品率、产品破损率和特殊搬运要求。

（1）产品价值。产品的价值高低会直接影响物流成本的大小。随着产品价值的增加，每一物流活动的成本都会增加，运费在一定程度上反映货物移动的风险。一般来讲，产品的价值越大，对其所需使用的运输工具要求越高，仓储和库存成本也随着产品价值的增加而增加。高价值意味着存货中的高成本，以及包装成本的增加。

（2）产品密度。产品密度越大，相同运输单位所装的货物越多，运输成本就越低；同理，仓库中一定空间领域存放的货物也越多，库存成本就会降低。

（3）产品废品率。影响物流成本的一个重要方面还在于产品的质量，即产品废品率的高低。生产高质量的产品可以杜绝因次品、废品等回收、退货而发生的各种物流成本。

（4）产品破损率。产品破损率较高的物品即易损性物品，对物流成本的影响是显而易见的，易损性的产品对物流各环节如运输、包装、仓储等都提出更高的要求。

（5）特殊搬运要求。有些物品对搬运提出了特殊的要求。如长大物品的搬运，需要特殊的装卸工具；有些物品在搬运过程中需要加热或制冷等，这些都会增加物流成本。

3. 环境因素

环境因素包括空间因素、地理位置及交通状况等。空间因素主要指物流系统中企业制造中心或仓库相对于目标市场或供货点的位置关系等。若企业距离目标市场太远，交通状况较差，则必然会增加运输及包装等成本，若在目标市场建立或租用仓库，则会增加库存成本。因此，环境因素对物流成本的影响是很大的。

4. 管理因素

管理成本与生产和流通没有直接的数量依存关系，但却直接影响物流成本的大小，节约办公费、水电费、差旅费等管理成本相应可以降低物流成本总水平。另外，企业利用贷款开展物流活动，必然要支付一定的利息，资金利用率的高低影响利息支出的大小，从而也影响物流成本的高低。

讨论

学习了物流成本的构成与影响因素后，结合实际，说说自己见过的造成物流成本提高的现象。

四、降低物流成本的途径

物流是企业的“第三利润源”，是企业可以从中挖掘利润的一片新的绿地。物流成本在企业中占有很大比重，但一直未受到足够的重视，传统的企业总是关注制造成本的降低和销售利润的提高，关注于如何提高产品质量，却很少考虑如何以最小的成本将产品准时、准确地送到顾客手中，或者准时适量地获得原材料和半成品。随着顾客对交货的要求越来越高，物流成本也随着顾客服务水平而水涨船高，物流逐渐吸引了企业的注意力，并逐渐发现了这块未开发的处女地。于是，物流成本的降低成为企业获得利润的重要方面。具体来说，降低企业的物流成本可以通过以下几个途径实现。

1. 物流合理化

物流合理化就是使一切物流活动和物流设施趋于合理，以尽可能低的成本获得尽可能好的物流服务。根据物流成本的效益背反理论，物流各项活动的成本往往此消彼长，若不综合考虑，必然会造成物流总成本的增大，造成物流费用的极大浪费。对于一个企业而言，物流合理化是降低物流成本的关键因素。它直接关系到企业的效益，也是物流管理追求的总目标。物流的合理化要根据实际的流程来设计、规划，不能单纯强调某环节的合理、有效、节省。

2. 加强物流质量管理

加强物流质量管理，也是降低物流成本的有效途径。这是因为只有不断提高物流质量，才能不断减少和消灭各种差错事故，降低各种不必要的费用支出，降低物流过程的消耗，从而保持良好的信誉，吸引更多的顾客，形成规模化的集约经营，提高物流效率，从根本上降低物流成本。

3. 提高物流速度

提高物流速度，可以减少资金占用，缩短物流周期，降低存储费用，从而节省物流成本。提高物流速度可以通过加快采购物流、生产物流、销售物流的速度，来缩短整个物流周期，加大资金利用率。美国生产企业的物流周期平均每年16~18次，而我国目前还不到2次。也就是说，生产同样的物品，我们需要的资金是美国的8~9倍。由此可见，在我国，通过提高物流效率来降低物流成本的空间非常巨大。

4. 培养物流人才

归根结底，21世纪的竞争是人才的竞争。使物流合理化、提高物流服务质量及加快物流速度，这些都需要专业人员去做。他们的技能，工作的方法、态度，都将间接影响企业物流成本的高低。我们想要发展物流，实现物流现代化，就必须重视物流人才的培养与培训。同时，制定出培养人才、留住人才、使用人才的管理办法，给他们创造一个良好的工作环境。

任务五　掌握物流质量管理的方法

任务情境

JC　Penney公司位于俄亥俄州哥伦布的配送中心，每年要处理900万种订货，或每天 25 000 笔订货。该中心为 264 家地区零售店装运货物，无论是零售商还是消费者的家，该配送中心都能做到 48 小时之内把货物送到所需的地点。哥伦布的配送中心有 200 万平方米设施，雇用了 1300 名全日制员工，旺季时有 500 名兼职雇员。JC 公司接着在其位于密苏里州的堪萨斯城、内华达州的雷诺及康涅狄格州的曼彻斯特的其他三个配送中心成功地实施了质量创新活动，能够连续 24 小时为全国 90%的地区提供服务。

JC 公司感到真正的竞争优势在于优质的服务。管理部门认为，这种服务的优势应归功于该公司所采取的三项创新活动：质量循环、精确至上及激光技术。

1. 质量循环：小改革解决大问题

JC 公司首先启动了质量循环活动，以期维持和改善服务水准。管理部门担心，质量服务的想法会导致管理人员企图简单地花点钱来“解决问题”。然而，代之这些担心的是经慎重考虑后提出的一些小改革，解决了工作场所中存在的一些主要问题，其中包括工人们建议创建的中央工具库，用以提高工作效率和工具的可获得性。

2. 精确至上：不断消除物流过程的浪费

精确至上的创新活动旨在通过排除收取、提取和装运活动中存在的缺陷，以提高服务的精确性。因此，提供精确的顾客信息和完成订货承诺被视为头等大事。显然，在该层次上讲求服务的精确性，意味着该公司随时可以说出来某个产品项目是否有现货，并且当有电话订货时，便可以告知对方何时送货上门。该公司需要提高的另一个精确性与在卖主处提取产品有关。为了确保产品在质量和数量上的正确，JC 公司针对每次装运中的某个项目，进行质量控制和实际点数检查。如果存在着差异，将对订货进行 100% 的检查，与此同时将对 2.5% 的装运进行审计。订货承诺的完成需要把主要精力放在提高精确性上，为此该公司的配送中心经理罗杰库克曼说道：“我们曾一直在犯错误，想在商品预付给顾客之前就能够进行精确的检查”，但问题是，在质量循环中是否已找到了解决办法，或者能够对该过程进行自动化。对此，库克曼感觉到：“只有依赖计算机系统，人们才有能力精确地检查。”于是，该公司开始利用计算机系统进行协调，把订购商品转移到“转送提取”区域，以减少订货提取者的步行时间。

3. 激光扫描技术：用科技改进质量管理

第三项质量管理创新活动是应用激光扫描技术，以 99.9% 的精确性来跟踪 230 000 个存货单位的存货。不但提高了工作效率和工作质量，还使得公司节约了大量的人力成本。

（资料来源：http://www.2barcode.com/auto/36.htm）

任务要求

结合任务情境，回答以下问题：

1. JC Penney 公司的物流质量管理对我们有什么启示？

2. 怎样推动企业质量管理创新？

知识准备

一、物流质量的概念与内容

根据我国国家标准 GB/T6583—94 及国际标准 ISO 8402—1994 的定义，质量是指产品或服务满足明确和隐含需要能力的特性总和。物流质量就是在满足顾客需要的前提下，根据物流活动的规律所确定的物流工作的量化标准。物流是供应链的一部分，它是对商品、服务及相关信息在起源地与消费地之间有效地正向和反向移动与存储进行的计划、执行与控制，其目的是为了满足顾客要求。物流质量是供应链上的一个满足顾客要求的环节，是物流服务特性满足顾客要求的程度，主要包括物流对象质量、物流服务质量、物流工作质量和物流工程质量。

1. 物流对象质量

物流的生产过程就是商品实体的流动过程。商品在进入流通领域前就已经具有一定的质量。物流生产主要在于转移和保护这些质量，保证把商品完好地交给用户。现代物流生产已不仅仅是转移质量和保护质量，为了满足需求多样化和方便流通与消费，往往采用较深层次的流通加工手段，进一步提高商品质量，甚至改变商品的形状和性质。从这一意义上讲，物流的生产过程也是商品质量的“形成过程”。

2. 物流服务质量

物流服务质量具体体现为：商品质量的完好程度，流通加工对商品质量的改善程度，商品规格、品种、数量的保证程度，配送交货期的满足程度，成本及物流费用的水平等。物流服务质量追求的目标，就是能满足顾客在规格、品种、数量、时间、地点、价格乃至性能等各方面的要求。

3. 物流工作质量

物流工作质量包括物流生产各环节、各工种、各岗位的具体工作质量，它对物流服务质量的提高起着直接作用。物流工作质量大体可分为经营决策工作质量和现场执行工作质量。提高物流服务质量要从工作质量入手，把物流工作质量作为物流质量管理的主要内容及工作重点。

4. 物流工程质量

物流工程是指支撑物流活动的工程系统。任何物流企业都必须依靠有效的工程系统来保证高质量的服务。工程设施、技术装备的质量从根本上决定物流整体质量，因而需要对其进行有效控制。

二、物流质量管理

物流质量管理就是依据物流系统运动的客观规律，为了满足物流顾客的需要，制定科学合理的物流标准，运用一定方法进行计划、组织、协调、控制的物流活动过程。现代物流具有其内在的客观规律，在质量管理方面同样反映出相应的基本要求，归纳起来有三大特点。

1. 全员参与

要保证物流质量，就涉及物流活动的相关环节、相关部门和相关人员，需要各方紧密配合、全员参与、共同努力。物流管理的全员性，正是物流的综合性、物流质量问题的重要性和复杂性所决定的。

2. 全程控制

物流质量管理是对物品的包装、储存、运输、配送、流通加工等若干过程进行的全过程管理，同时又是对物品在社会再生产过程中进行全面质量管理的重要一环。在这一过程中，必须一环紧扣一环地进行全过程管理才能保证最终的物流质量，达到目标质量的要求。

3. 全面管理，整体发展

影响物流质量的因素具有综合性、复杂性，加强物流质量管理就必须全面分析各种相关因素，把握内在规律。物流质量管理不仅管理物流对象本身，而且还管理物流工作质量和物流工程质量，最终对成本及交货期起到管理作用，具有全面性。因此，必须从系统的各个环节、各种资源及整个物流活动的相互配合和相互协调做起，只有质量管理整体发展才能最终实现物流管理目标。

三、物流质量管理考核

物流质量管理最直观、最关键的就是对物流运作系统的考核。物流质量管理的不同环节，有不同的标准与考核指标。如对于运输环节，可以从运输效率、运输网络合理配置等指标来考核；在仓储环节，可以从库存管理水平、发货准确率等方面来考核；在包装环节，可以从包装的轻薄化、集装化和标准化等方面来考核；在配送环节，可以从配送及时性等方面来考核；在供应链方面，可以从成本节省等方面来考核。以制造企业的销售物流为例，应采取以下四方面的指标，全面监控反馈物流管理的质量。

1. 运作指标

即衡量物流活动操作水平的指标。其具体包括：配送准时率、错误投递率、破损率、特殊情况服务水平、代收货款准时率等。

2. 仓储服务指标

即在仓储管理中对库存管理、理货操作等方面的监控指标。其具体包括：订单处理时间、库存准确率、装卸效率、安全指标、作业正确率、库存量等。

3. 信息指标

即对物流服务中客户预约、信息跟踪反馈、签收单反馈等信息服务的监控。其具体包括：电话预约指标、信息反馈率、签收单反馈率、意外情况反馈及时率等。

4. 客户满意度监控指标

即关系到客户直观感受，由客户反馈的指标。其具体包括：客户满意率、客户投诉率（客户投诉订单数占全部订单数的比例）等。

在指标设计过程中，还可以根据需要对每个指标按照物流运作每项工作的具体环节进行细分。在具体考核过程中，应根据物流运作侧重点、对客户承诺水平的不同制定每个考核指标的标准，并选取相应的指标，通过对每项指标分配不同的权重形成指标组合体系，作为考核的依据。

讨论

你是怎么理解质量管理的？结合物流实际说说物流体系中有哪些质量指标？

四、物流企业全面质量管理

（一）全面质量管理的概念

全面质量管理简称 TQM，是指一个组织以质量为中心，以全员参与为基础，目的在于通过让顾客满意和本组织所有成员及社会受益而达到长期成功的管理途径。物流企业全面质量管理是新时期对物流服务质量管理的要求，也是“全面质量管理”的理论和方法在物流活动中的运用。即将组织管理、专业技术和统计方法结合起来，建立一整套质量管理工作体系，对物流业务的质量进行全方位、全员及全过程的管理。

（二）物流企业全面质量管理的特点

1. 全面性

（1）全对象管理。一般工业企业的全面质量管理包括了产品质量、产量、成本、工程质量、工作质量等内容的管理。作为物流，其全面质量管理的对象除包括运输、仓储、配送、装卸搬运、流通加工、包装、信息管理之外，还包括物流财务、人力资源、设备管理等各方面的管理。

（2）全过程管理。一般工业企业的全过程管理是指从市场调研直到售后提供优质服务，质量问题贯穿始终的管理。作为物流，其全过程管理是从市场调查与宣传、商务洽谈到物流活动安排、物流作业操作、客户接受的全过程实施全面质量管理。保证客户满意，是各环节活动的综合结果，它们彼此依存、相互制约，任何一方面出现问题都会影响最终的物流质量。

（3）全员参与管理。由于物流作业的非连续、非均衡和分散性，动员全体人员关心参与质量管理就显得尤为重要。物流企业质量管理离不开每个环节和每一个人，唯有通过全员参与，方能有效推动TQM。因此，必须创造全员参与的环境，要求全员参与过程改进活动，鼓励运用专业知识及经验，在自己的工作领域中，提出改进的意见并作出决定，形成领导、专家和员工结合的全员管理质量的局面。

2. 服务性

全面质量管理是基于面向客户的质量管理，要以质量服务为根本出发点，强调质量控制的过程和方法。要遵循以下规则：下道工序（作业）是上道工序（作业）的客户；“客户满意”是质量的标准；质量是生产出来的，不是检验出来的；对质量的管理不是一次性的“验收”，而是讲究对全过程进行持续不断的质量改进。所以，质量验收的标准会随着客户期望值的提高而改变。

3. 预防性

物流企业质量管理的预防性是指把质量管理由传统的质量检查管理转变为质量控制管理方式，坚持“以防为主，防检结合”的质量管理原则。质量检查管理是“事后把关”而不能预防，它只是全面质量管理的一个必要环节；而质量控制管理则是通过事先预见可能影响质量的因素并加以控制来防止质量问题的发生。如对库存商品的质量管理，不但要检查储存保管过程中的质量变化，同时在入库时对其质量就加以考察并提供所需的保管条件来防止问题发生。

4. 科学性与系统性

物流企业全面质量管理的科学性，是指物流企业的一切质量标准要用数据和事实说话，综合运用统计学、市场预测学、运筹学、系统工程及计算机技术，通过计划、实施、检查、处理的科学循环管理方法来提高物流企业质量管理。物流企业全面质量管理的方法是系统的。对于整个物流企业活动的质量管理，需要依据统一的质量标准和质量体系，对所有部门和人员作出相同的质量责任要求。

（三）物流企业全面质量管理的任务

物流企业全面质量管理的任务是：确定合理的物流质量目标，制定全面的物流质量计划，建立有效的物流质量保证体系。物流企业全面质量管理，就是根据物流企业质量管理任务的要求，把物流业务经营统一起来，建立健全一整套质量保证体系，使质量管理工作制度化、标准化、系统化，使每个部门、每个经营环节、每个员工都提供优质的服务，保证准时、准确、经济合理地完成物流企业经营任务，更好地为市场服务。

（四）物流企业全面质量管理体系

物流企业全面质量管理体系由物流企业全面质量管理教育、物流企业全面质量管理的基础工作、物流企业全面质量管理群众性的 QC 小组、物流企业业务经营过程的全面质量管理及物流企业全面质量管理体系的 PDCA 循环运转方式构成，它们分别体现为物流企业全面质量管理的思想基础、工作基础、行动准则、群众管理、业务管理和工作方式，被称为物流企业全面质量管理工作的几大“支柱”。

1. 全面质量管理教育

物流企业全面质量管理教育的基本目的在于使全员了解 TQM 与个人工作间的关系，了解为何需要 TQM，灌输员工有关 TQM 的基本精神，并训练其如何使用有关的工具及方法，以顺利推广 TQM。从领导到专家到普通员工都必须接受全面质量管理的教育和培训，使每个员工都以本人工作全优为第一任务。执行一段时间后在总结前期经验的基础上进行进一步质量管理教育，不断教育，不断提高。

2. 全面质量管理的基础工作

物流企业开展全面质量管理必须具备一定的基础条件、基本手段和基本制度。其主要包括：

（1）标准化工作。标准化工作就是把在质量管理中的实践经验、科学管理成果用标准化形式总结出来，作为共同遵守的准则广泛推行。质量管理从质量目标的制定、执行、检查、评估到总结，全过程都离不开标准，不仅包含技术标准、商品质量标准还包括全部规章制度及操作标准、各项工作标准等。标准是衡量质量的尺度，也是管理的依据。进行标准化工作时要注意：各种工作都应当有标准；标准和规定要坚决贯彻执行并在实践中不断完善；标准要求技术上先进，经济上合理；标准的内容要完整、简明。

（2）计量工作。全面质量管理要用数据说话，要根据不同情况选择正确的计量方法，确保各种测量用具准确无误，保证记录准确、可靠，各类原始凭证和作业记录如运输记录、设备状况记录、事故记录等必须保存好。对某些质量问题较大的环节可以进行监测记录，为改进质量提供不易从其他记录中获得的数据。

（3）质量情报工作。质量情报工作指反映物流各环节工作质量和商品质量的信息，包括各种基本数据、原始记录和使用单位意见等资料。作为第一手资料，它能及时反映物流企业质量动态，是质量管理的耳目。此外，对某些质量问题较大的环节可以进行跟踪记录。质量情报的要求是：准确、及时、全面。

（4）质量责任制。质量责任制是规定物流企业质量管理方面的标准和要求，保证物流企业质量的一种岗位责任制度。它是组织共同劳动、保证生产正常进行的基本条件，对每个部门、每个员工都明确规定其在质量管理中的具体任务、责任与权限。为此，必须将工作质量标准、考核指标、奖惩制度紧密结合起来。

3. 全面质量管理群众性的 QC 小组

质量管理小组简称“QC”小组，是指在生产（工作）岗位上从事各种劳动的员工，围绕企业的方针目标和生产（工作）现场存在的问题，以改进质量、降低消耗、提高经济效益和人的素质为目的而组织起来的，运用质量管理的理论和方法开展质量管理活动的小组。质量管理小组活动为员工参加质量管理开辟了广阔空间，对提高工作质量和服务质量、降低成本、提高物流企业经济效益起到重要作用。开展质量管理小组活动应注意抓好以下几个环节：

（1）组织学习质量管理知识。为推动小组活动，小组成员须努力掌握质量管理知识，学会用科学的管理方法来提高物流企业质量管理水平。

（2）选好质量管理的研究课题。要考虑不同部门与不同环节对质量管理的要求，选择当前质量管理中较突出的又为全体组员所了解的问题，研究的内容应紧紧围绕提高服务质量、降低成本和加强管理等方面的问题进行。如何制定物流企业质量标准，将先进的质量管理方法尽快地应用到物流活动中是工作的重点。只有深入地开展物流企业质量管理方面的科学研究才能使物流质量得到稳步提高。

（3）运用适宜的质量管理方法。全面质量管理的方法很多，必须根据质量管理对象的特征选择适当的方法。方法选取适当，运用适宜，对数据的整理加工就能收到更好的效果。

（4）及时交流和推广质量管理小组活动的成果。采取交流会、报告会形式及时推广成功的质量管理成果，不断扩大质量管理活动的效果。

讨论

通过全面质量管理的学习，说说物流质量如何提高？

任务六　掌握物流客户关系管理的方法

任务情境

成都佳盈（中国）物流有限公司（简称“佳盈”）是一家以第三方物流业务和航空货运业务为主的专业物流公司，力求通过一体化与网络化的物流运作，为用户提供高品质的航空运输、仓储、包装、配送、快递等单项物流服务及一体化物流运作，合理而有效地控制客户的物流成本。佳盈的发展目标是在五年内成长为全国性的、以航空快递为主营业务的物流企业集团。

佳盈作为物流行业中的新兴企业，员工的客户关系管理意识不强，在日常工作中没有采用有效的手段来管理客户资源，从而影响了佳盈某些重要工作的开展。如何有效地管理这些客户资源，增强员工客户关系管理的观念，从而在销售、售后服务方面提高佳盈的核心竞争力成为佳盈重点思考的问题。

1. 实现员工和合作伙伴资源的有效管理

佳盈的员工组成复杂，如装卸工、司机等多为临时工，这些岗位的人员流动性比较大，这在一定程度上造成员工管理的混乱。但由于这些岗位责任又较为重大，往往需要详细的个人资料及担保人资料，同时佳盈还有大量的合作伙伴（如车辆承运商等）资源，以往的 Excel 表格的记录已不能满足员工客户人事管理的需要，需要采用专门的信息管理方式来管理这些宝贵资源。

2. 加强销售管理，提高团队销售能力

佳盈的销售代表通常以口头的形式汇报工作进度，而没有形成规范的文档，导致销售经理不能准确掌握整个部门的工作进度，为公司的业务开展及其他业务部门的工作计划造成误导。另外，销售人员往往单打独斗，客户成功率低，而且形成了客户“只认销售员而不认公司”的不良销售状况，一个销售员工的流失往往意味着较大的客户流失。因此佳盈的管理层一方面要求销售管理的规范化，同时要形成团队销售，提高整体销售能力。

3. 改善售后服务，提高客户满意度

佳盈与客户之间要形成一种长期的合作关系，需要对所服务的客户，尤其是大客户信息进行详细的售后服务记录及分析，特别是每次事故的处理案例，以改善售后服务水平，提高客户满意度。

4. 增加多种服务渠道，提高服务质量

随着公司的进一步发展壮大，佳盈的订单组及客户服务中心提出了电话服务热线的需求，要求建立 Call Center（呼叫中心），增加服务渠道，以进一步提高客户服务质量。

基于以上几项需求，佳盈管理层决定选择客户关系管理系统（CPM）来有效管理客户资源，全面提高企业的营销能力。经过对多个系统的比较和分析，佳盈最终选择了中圣公司作为合作伙伴，共同建设 CRM 系统。

目前，佳盈公司 CPM 系统使用情况良好，涵盖了企业资源管理、客户服务管理、销售自动化管理、数据分析与报表处理、系统设置五大子系统，其中员工管理、客户资料管理、销售漏斗管理是使用频率最高的几个模块。系统稳定，界面友好，操作方便，解决了客户资源管理、员工管理、销售管理难度大的问题，体现了先进的客户管理手段，为管理层提供了全面的销售分析数据，并且通过中圣提供的客户关系管理的培训课程，加深了员工对现代客户关系的认识和提高。

（资料来源：http://www.docin.com/p-492306568.html）

任务要求

结合任务情境，回答以下问题：

1. 佳盈公司的物流中心战略是什么？为什么将其作为中心战略？
2. 该公司实施客户关系管理的目标是什么？
3. 分析该公司实施客户关系管理的步骤。

知识准备

客户关系管理是物流活动发展到高级阶段的重要产物。可以说，客户关系管理水平是衡量物流系统为客户创造的时间和地点效用能力的尺度，客户关系管理水平决定了企业能否留住现有客户和吸引新客户的能力。如今，对于每一个行业而言，消费者都有很大的选择余地。客户关系管理水平直接影响企业的市场份额和物流总成本，并最终影响其营利能力。因此在物流企业的运作中，客户关系管理是至关重要的环节。

一、物流客户关系管理的含义

1. 客户关系管理的含义

CRM 是英文 Customer Relationship Management 的简称，一般译作“客户关系管理”，也有译作“顾客关系管理”。在实际工作中，客户所表示的意义非常广泛，它包括了过去购买或正在购买的消费者及还没有购买但今后可能产生购买行为的“潜在消费者”。

客户关系管理是企业为提高核心竞争力，达到竞争取胜、快速成长的目的，树立以客户为中心的发展战略，并在此基础上开展的包括判断、选择、争取、发展和保持客户所需实施的全部商业过程；是企业以客户关系为重点，通过开展系统化的客户研究，通过优化企业组织体系和业务流程，提高客户满意度和忠诚度，提高企业效率和利润水平的工作实践；也是企业在不断改进与客户关系相关的全部业务流程，最终实现电子化、自动化运营目标的过程中，所创造并使用的先进的信息技术、软硬件和优化的管理方法、解决方法的总和。客户关系管理是企业从“以产品为中心”的模式向“以客户为中心”的模式进行转移的必然结果。它既可以是一种原则制度，也可以是一套软件系统或技术方案。

2. 物流客户关系管理的含义

在客户关系管理的理念框架基础上，将其方法、手段和技术具体应用在物流领域，就形成了物流客户关系管理。它包括对企业相关的部门和外部客户——业务伙伴之间发生的从产品或服务设计、原材料和零部件采购、生产制造、包装配送、直到终端客户全过程中的客户服务管理。

所谓物流客户关系管理，就是把物流的各个环节作为一个整体，从整体的角度进行系统化的客户关系梳理，在物流企业的层面选择企业的客户、不断优化客户群，并为之提供精细服务。这样就可以超越各个环节的局部利益，排除各个环节局限的约束和目标冲突来协调物流各个环节的活动，从而得以实现商品实体运动的优化管理。物流客户关系管理是在客户需求的拉动下，为了使物流竞争力增强而借助信息技术和管理技术，将物流的业务伙伴的业务流程相互集成，实现产品设计、原料采购、产品制造、仓储配送、分销与零售集成化，并进行优化管理，进而实现客户价值最大化的管理模式。这种管理模式实际上是一种“客户拉动“的管理模式，也就是以客户服务、客户满意为价值取向的模式。客户需求是现代物流的起点和动力，客户需求的满足也是一个过程的终点和企业目标的实现，其重要性在于客户价值超过了产品价值本身。

搞好物流客户关系管理首先就要了解客户的需求，实现快速反应，提供个性化需求的满足，在此基础上通过规模的扩大来提高利润，而不仅仅是通过压缩成本开支来机械地增加利润。因此，这也是“有效客户”需求反应管理模式在物流领域的实际载体。物流客户关系管理是从“以产品为中心”向“以客户为中心”转变过程中的必然产物。它使物流企业的关注焦点从企业内部运作扩展到与客户的关系上来。

二、物流客户关系管理的意义

物流客户关系管理对于企业的市场营销活动是至关重要的，它可以大规模、全方位收集、分析客户信息，能够为市场营销提供越来越丰富的数据资源；通过客户调查、测试结果，能够使企业对新产品、新兴市场等有准确的定位，从而在正确的时间、以正确的价格，向正确的客户销售正确的商品；帮助物流企业提高服务水平，提供主动、完善的服务。

物流客户关系管理的意义体现在以下几个方面。

1. 有效整合客户的关键信息

记录客户的详细信息及以往与客户的联络情况，包括客户档案管理、联络记录管理等。其中客户档案除包括客户名称、所属行业、地址等基本信息，还将客户按不同标准分类，以便于对客户信息的准确把握和物流需求预测；联络记录详细记载了每次与客户联系的时间、方式、情况、结果等，这些信息的记录都是为了在对客户进行进一步联络时更加具有针对性，使专门与客户打交道的部门能够随时得到与客户相关的资料，真实和全方位地了解客户。同时对客户资料进行分析、处理和归档，在信息技术的支撑下，使企业既能根据客户的特点提供服务，又能对客户的营利性进行评估。

2. 为客户提供个性化服务，增加客户对企业的忠诚度

物流企业能够将其服务业务扩展到互联网上，使客户能够通过 Internet 选择并购买具有个性化配置的服务，真正实现定制的个性化服务。客户通过浏览网页了解感兴趣的产品，提出服务请求、查阅产品常见问题的答案、在线订购所需服务并检查服务状况、查看和支付账单等。物流企业通过客户的购买服务的数据，能够针对不同客户创建个性化的促销和服务建议，并通过 Internet 向客户发出这些建议。例如，当一位客户通过企业的网页购买了物流服务方案后，销售系统会记录下客户购

买和浏览过的服务内容，当他再次进入企业的网页时，系统识别出他的身份后就会根据其喜好推荐有关物流方案。客户浏览的次数越多，系统对他的了解就越多，也就能更好地为他服务。显然，这种有针对性的服务对维持客户的忠诚度有极大帮助。

3. 提高售前工作的效率和质量

对有关物流基础方案的信息及销售、库存等情况的查询、分析，可以使营销人员能够对市场营销活动有效地加以计划、执行、监视和分析。根据客户需求设计和分发宣传品，对有购买意向的客户跟踪、分配和管理等。这些功能可帮助企业实施针对性强、效率高的市场营销活动，从而争取和保留更多的目标客户。

4. 对市场条件的变化作出即时反应

物流客户关系管理收集、积累了大量与客户服务及产品销售有关的数据，在此基础上能够提供完善的数据挖掘、分析能力，根据历史记录预测未来他们的购买意向及市场销售的趋势。其中包括竞争对手档案管理等信息，详细记录竞争对手的优势与不足，用来帮助营销人员在制定营销战略时扬长避短，从而最终在竞争中获胜。这为企业在改进客户满意度和企业自身营利、扩展新的市场和商业渠道、缩减销售周期和销售成本等方面均提供了全方位和强有力的支持。

讨论

案例中的佳盈物流通过物流客户管理达到了哪些目标？

三、物流客户关系管理策略

（一）明确物流客户的分类

客户是企业最宝贵的资源，没有客户资源，企业就丧失了生存和发展的土壤。物流企业都在千方百计地取悦自己的客户，尽他们最大的能力满足客户的需求，力图赢得客户的欣赏和忠诚、获取利润。企业的盈利和发展取决于客户的价值水平、客户满意度和客户忠诚度等因素。如何吸引和锁定客户，如何赢得进而提高客户的满意度、忠诚度，成为企业最为关心的问题，也是关系管理能否成功的关键。因此物流企业要不断地开发客户和巩固客户。

客户，就是能够因购买某种产品而得利又有经济支付能力购买这种产品的个人或公司。物流客户一般来源于供应链外部的客户和供应链内部的客户。

供应链外部的客户有两种类型：其一是与供应链中的某一环节有业务联系的物流需求者，这部分需求者的物流需求往往缺乏持续性，时断时续，但比较稳定，在长期的合作中，有可能转化为扩大后的供应链内部客户；其二是社会化的物流需求者，他们的物流需求没有明确的运作方向，也不是固定的，虽然群体较大，但数量不稳定，由于涉及的行业广泛，很难形成物流企业的标准客户。值得注意的是，对这部分客户进行合理细分和定位，往往能够成为企业资源利用最大化的良好的合作者。

总之，供应链外部的客户，一般具有群体数量大，需求不稳定，难以成为物流企业标准客户，不利于实施有效经济效益预期和管理等特征。但物流企业不能忽视这部分客户的存在，因为他们的移动性恰恰在某些情况下弥补了物流资源利用最大化的要求。

供应链内部的客户一般来说具有稳定性、标准性和扩展性的特征。由于是同一供应链上的合作伙伴，是为满足同一最终市场客户的需求，所以双方的合作基础较好，往往合作的历史较长，相互间知己知彼，能够较为便利地、科学地实施物流需求的动态管理，所以具有稳定性。同一类供应链的组成体，物流的运输方向、地点，以及物流的包装要求、仓储条件，或者物流的数量、规格等都有一定的规律性，使得物流企业能够科学、合理地安排企业的资源，同时便于实施长期的客户管理，具有标准性的特征。由于是同一供应链的合作者，随物流需求者的业务扩展，物流企业比较容易得到扩展后的物流业务，较之供应链外部的客户来源，这种扩展后得到的业务利于物流企业降低市场交易成本，甚至交易成本为零，具有扩展性的特征。

综上所述，供应链内部的客户，虽然客户数量较少，但客户的稳定性、标准性和扩展性特征，有利于物流企业在市场细分的基础上准确地找到企业的目标消费群，并建立长期合作关系，对企业降低市场交易成本、提高经济效益的作用很明显。

（二）物流客户开发的途径

1. 构建良好的物流服务体系

良好的服务体系是开发物流客户的基本途径，没有良好的服务体系做基础，其他的开发途径是不可能有效开展的。

良好的物流服务体系包括物流服务设施和物流服务作业体系，这是开展一切物流活动的基础。只有具备满足物流服务需要的服务设施和完整的服务体系，才能更好、更有效地开发物流客户。

物流服务设施是物流运作的基础，有形的设施包括：房屋建筑、机械设备、通信设备、电子计算机设备等；无形的设施主要指物流信息系统和网络。完善基础设施需要巨大的投入，因而企业必须谨慎从事。物流服务作业体系是开发客户的前提。物流服务作业的确定就是企业从事物流的哪一项流程工作，怎样开展物流服务，服务对象是谁，即干什么、怎么干、为谁干，构成了企业物流服务作业体系。

2. 进行准确的物流市场定位

当前的市场越来越复杂，客户的需求越来越大，特别是物流市场，其产品形式和内容越来越丰富。企业要充分利用有效的资源，首先要进行市场细分，进行准确的物流市场定位，找准物流客户，做到有的放矢，才能有效地开发物流客户。

企业可结合自身实力、产品差别、市场需求特点、产品生命周期、市场竞争状况、营销宏观环境等，选择多种细分市场作为自己的目标市场。市场细分是指所要进入的目标市场，然而如何进入该市场还需要通过对市场、企业内部各种条件及竞争手段的分析，来确定本企业的市场定位。

3. 推进忠诚的物流市场营销

在以客户为导向的物流市场客户开发中，取得市场占有率，不如获得客户忠诚。即推进忠诚的物流市场营销，让客户满意并使之成为企业的长期客户，建立客户忠诚。忠诚客户计划应在了解客户与产品之间的相互影响和客户价值的主要影响因素的前提下进行，可以采用的具体办法有折扣、赠送礼品、奖品等，进而拓展市场份额，开拓物流客户。

4. 开展多样的物流促销活动

开发物流客户最具实质性的途径是开展多样的物流促销活动，以此来吸引更多的物流客户，通过沟通、宣传、说服，使客户了解并接受服务产品。可用的方法包括专题创意、媒介事件和公益活动等。

专题创意是指物流企业可以针对公众关注的热点，抓住“新、奇、特”三个要素开展专题策划，并有意识地利用名人效应。

在现代社会激烈的竞争中，企业往往面对强手如林的竞争者。在竞争中做到独树一帜、提高知名度的最有效途径就是借助于传播。所谓媒介事件，是指企业为了让新闻媒介进行宣传报道而策划的公共关系活动。与一般公关活动相比，媒介事件有着为新闻媒体所关注而竞相报道传播的特点，在提高知名度上是一般的方法所不能比拟的。但是，并非所有的活动都能成为媒介事件。新闻媒介所关注并乐于宣传报道的活动，必须符合新闻报道的重要性、时间性、接近性等原则。

物流企业可以参加公益活动：对社会突发事件，如对重大灾害的捐赠；赞助教育事业；赞助各种体育文化活动和赛事；赞助社会福利事业和慈善事业；赞助社区活动等。

（三）物流客户的巩固

1. 建立物流服务品牌

建立物流服务品牌是物流企业巩固客户，具有战略意义的方法，是实现利润长期增长，保证长远发展的有效途径，是每个物流企业必须实施的战略。服务品牌能使客户满意，使客户对品牌产生极大忠诚从而巩固客户。

2. 开发物流服务新项目

服务离不开服务项目，要想提高服务质量，那么服务项目就要符合客户需求，又要便于服务人员进行操作，良好周到的服务适于服务项目设计。

为了使服务项目适合各方面的要求，应该让客户和服务人员参与到服务项目设计中来，征询他们的意见和建议。如果服务项目设计不考虑客户的需要和服务人员的可操作性，可能会使客户不满意，即使想通过服务来弥补也会浪费资源，有时甚至无法实现。物流基本服务由运输、配送、储存、保管组成。增值服务得到的服务和其他服务是有差别的。例如，广州大众物流公司除提供良好的搬运和装卸服务外，还为客户使用的家具提供拜访安装服务。

3. 强化内部客户的管理

通常，客户是指外部客户，即购买企业产品并得到服务的人或组织。而从“组织—员工—客户”这一组织关系来看，企业的最终用户并不是唯一的客户，其中员工也是企业的客户。当然企业为员工提供的产品和服务是信息、资源、支持、放权等，把员工作为企业的内部营销对象。通过强化内部客户的管理，倡导内部协作的企业文化，倡导团体精神和协作状态，使内部客户满意，进而提高外部客户的满意。

讨论

案例中佳盈公司为提高服务质量采取了哪些措施？这些措施取得了哪些效益？

任务七 认知物流组织管理

任务情境

某厂的物流工作以生产物流为主，供应物流为辅。物流管理主要针对原材料、在制品和产成品在工厂内部的实物流动与相应的信息流流动过程，同时和公司总部的物流处合作，参与部分供应物流与信息流活动，以及少量销售物流与信息流活动。该厂在合资以前，物流管理水平较差，工厂采用的是常见的直线职能组织结构，如图 4-15 所示。

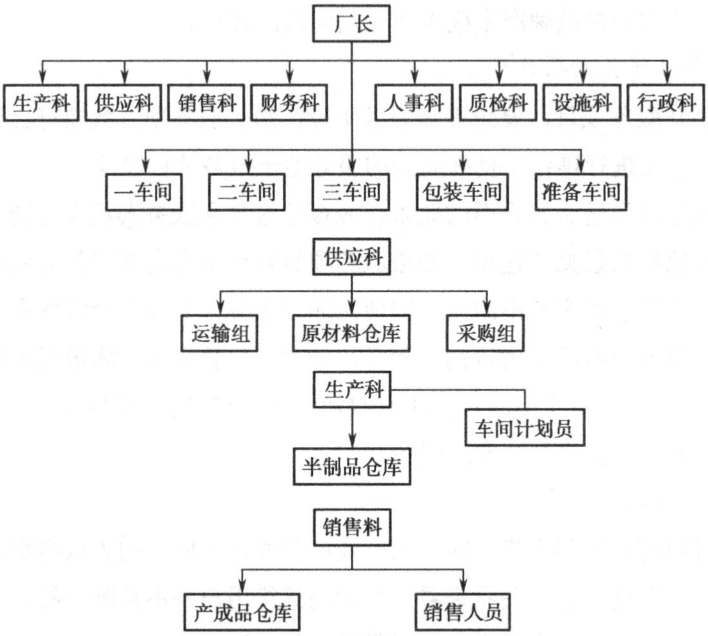

图 4-15　直线职能组织结构图

该厂的物流活动主要分为厂内和厂外两大部分。厂外部分是通过提货单和送货单，利用供应科的运输能力，从供应商那里取得原材料并向客户运送产成品与外销半成品的物流过程。厂内部分是根据总部销售组织与本厂销售科下达的生产计划与生产订单，由生产科安排相应的车间从仓库领取原材料、半成品，经过车间内部和生产线上的流动，完成加工制造，作为产成品和半成品返回仓库的物流过程，如图 4-16 所示。

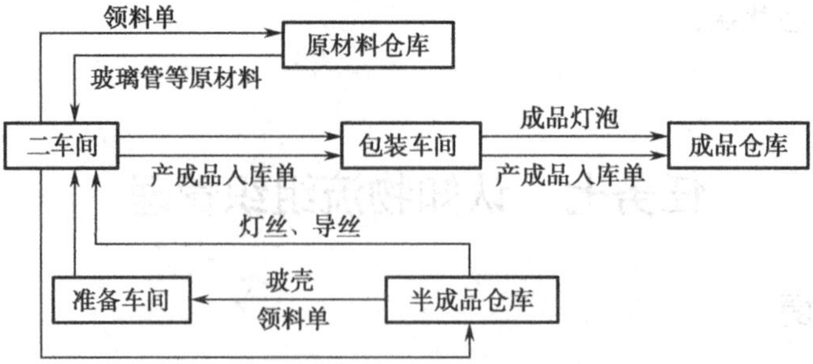

图 4-16　工厂物流活动图

合资之后，工厂进行了组织变革，建立了新的工厂组织结构。行政科和销售科被撤销；人事科、财务科和质检科得以保留；设施科的职能变为负责管理全厂的动力与能源设施，其生产设备维修职能和车间原有的维修组合，并转入新建的维修科之中；新设立培训科负责全厂员工的职业与技术教育。此外，该厂还撤销了包装和准备车间，新增了四车间和五车间以供新产品上马和生产能力的扩张。

物流组织体制的变革则先后经历了三个阶段。第一阶段，销售科归入总部销售组织，生产科和供应科合并组建物料科。物料科内部设立计划主管，负责订单接受和生产计划的制定，兼管进口原材料的采购工作；设立仓库主管，统一管理产成品仓库、半成品仓库和原材料仓库；设立记账员，负责各种实物的收发统计；设立物料科长总体负责工厂的生产与供应物流管理，协调计划主管和仓库主管的工作，并兼管国内原材料的采购工作。但是，车间计划员仍然未纳入物料科编制。第二阶段，车间计划员成为物料科下属员工，并受计划主管和车间主任双重领导和绩效考核。第三阶段，设立采购主管专门负责采购工作，减轻了物料科长和计划主管的负担，进一步理顺了物流组织的关系。最终的物流组织结构如图 4-17 所示。

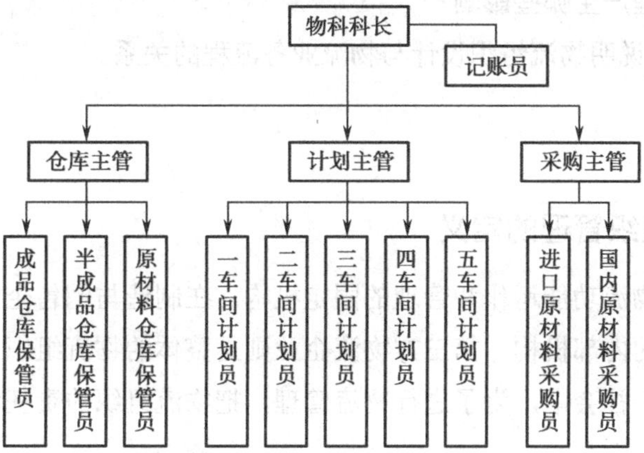

图 4-17　最终的物流组织结构

同物流组织结构一样，物流与信息流流程也发生了很大的变化。部门之间的反馈信息流大量增加；信息流周期大大缩短，一般为周或日循环；运输职能已经转移到所属公司总部，原材料采购一般由供应商送货，而产品销售一般由客户自提，厂外物流活功基本借助其他企业或公司总部的物流力量。仍然以二车间物流、信息流流程为例，如图 4-18 所示。高效的库存与仓储管理杜绝了玻壳等半成品或原材料保管不善的现象，准备车间的存在已是画蛇添足；同时，所有的包装工作全部在车间内完成，免去产成品入库前还要转运至包装车间的麻烦；物流路线也几乎缩短了一半，物流费用大大节约，对降低产品成本效果十分显著。

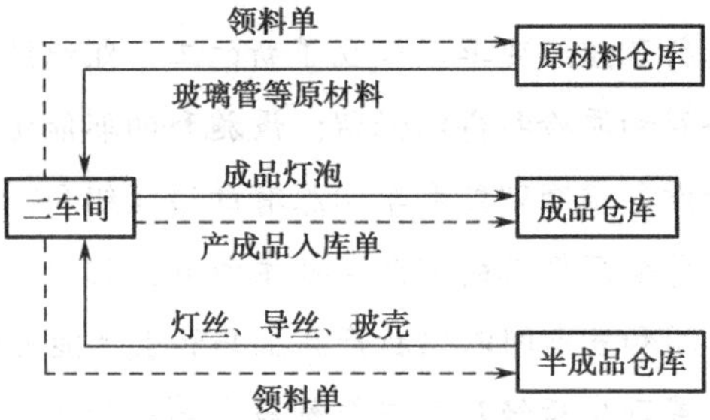

图 4-18　二车间物流、信息流流程

（资料来源：http://www.docin.com/p-915979710.html）

任务要求

结合任务情境，回答以下问题：

1．该厂在合资以前物流组织结构中存在哪些问题？

2．该厂合资以后的组织结构与合资以前相比较，有哪些显著的变化？这样的变化对物流管理产生哪些影响？

3．以本案例说明物流组织设计与物流业务流程的关系。

知识准备

一、物流组织管理的定义

物流组织是物流功能运作和管理的固定机构。在制造与销售企业中，物流组织是专营物流活动的内部机构，第三方物流企业则是整体的物流组织。物流组织管理就是在企业或整个社会中，为了进行物流管理，把物流组织的责任和权限体系化的过程。

物流组织管理随着企业的物流活动不断变化，不断调整物流组织架构，以提高物流服务水平，降低物流成本。

二、物流组织演变

物流组织的演变经历了以下三个阶段。

1．第一阶段：功能集合型物流组织

功能集合型物流组织是在原有组织架构基础上，将各个专业部门的物流功能合并，使物流作业在本部门内进行计划、控制和协调。比如，在一个企业的车间内将采购、库存、物料管理和物品装卸搬运活动归到一个机构，以便统一管理。

功能集合型物流组织结构的优点是不增加管理幅度，只是在原职能部门内将物流作业重新划分，适应经营的需要。这种组织结构适合于外部环境较为稳定、采用常规技术、重视内部营运效率、操作人员素质比较好的中型规模企业。目前，在制造加工企业中普遍采用这种组织形式。

该种组织结构不适于大型企业，或者外部环境复杂、内部结构层次高的技术创新型企业。功能集合型组织的功能整合没有改变物流过程的分散性，容易形成本企业内部物流业务分割状态，影响整体物流合理化和效益。图 4-19 为适用于中型企业的功能集合型物流组织结构。

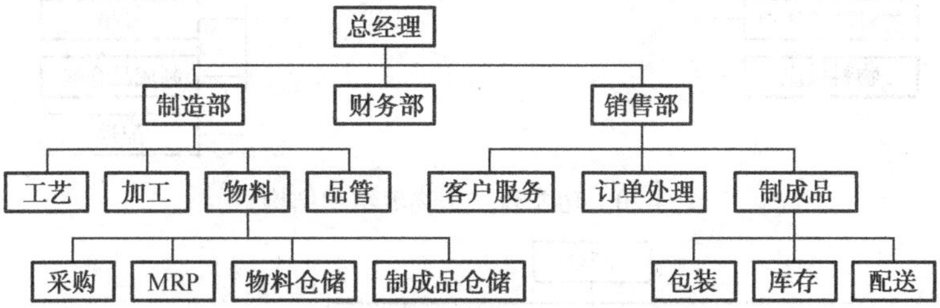

图 4-19　功能集合型物流组织结构

2. 第二阶段：功能独立型物流组织

功能独立型物流组织是从物流效率方面考虑企业整体经营，建立一个专门的物流部门，将企业的主要物料管理和物品配送管理功能独立出来，形成与市场销售、财务和制造相平等的专业部门。这种组织架构的优点是使物流的职能更明确，能够扩大企业物流经营的比重，增加企业物流活动，保证整体生产和营销的协调。

功能独立型物流组织没有改变传统的功能设计方法，功能管理和物流现场作业不能完全统一，功能管理与功能执行有时会脱节，不适应巨量化物流和迅速交易。功能独立型组织的缺陷是功能管理与功能操作分离，造成组织管理职能与物流运作之间的不协调。

功能独立型物流组织的表现是企业专设一名高级主管，专门负责管理相关的物流活动，直接协调各项物流运作。功能独立型物流组织是一个过渡，它随着企业物流活动的扩大和细化，会逐步上升到一体化组织结构。图 4-20 为功能独立型物流组织结构。

3. 第三阶段：一体化物流组织

一体化物流组织结构的目的是统一企业所有的物流功能和运作，企业将可操作的物流计划和功能运作归于一个专设的物流经理之下，对所有原材料与制成品存储和运输实行战略管理，指导从原材料采购到客户配送的人力、物力、财力等资源运用的一体化。一体化物流组织在实践中的表现是大型企业的物流子公司。图 4-21 为一体化物流组织结构。

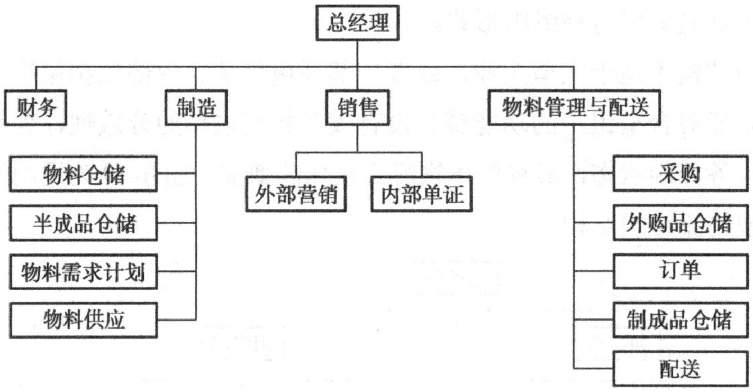

图 4-20　功能独立型物流组织结构

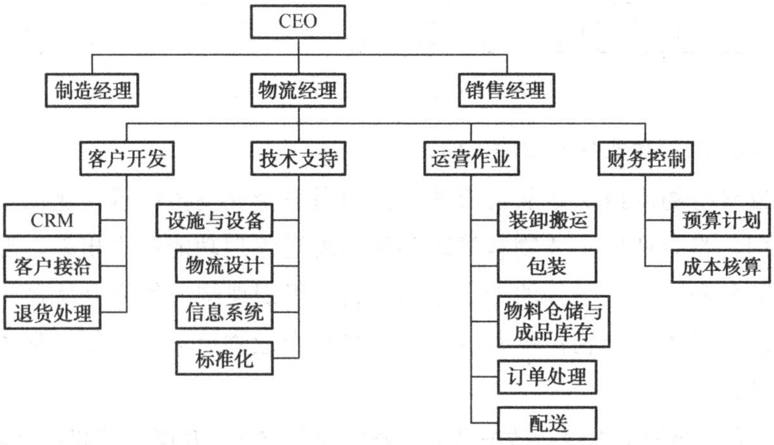

图 4-21　一体化物流组织结构

一体化物流组织结构的特点：

（1）物流的每一个业务领域组合构成一个独立的直线运作单元。

（2）制造支持被定位于运作服务，可以在包装、装卸、搬运、物品配送，甚至在采购方面直接支持制造领域的内外作业。

（3）物流信息和监控设在物流一体化组织最高层，增加物流经理对组织的运营能力。

一体化物流组织适用于在特大型制造企业与大型流通企业，并且必须以高度的信息化手段进行物流流程的准确、及时控制。

讨论

案例中的企业组织变革前属于哪一个阶段的物流组织，变革后又属于哪个阶段？

三、第三方物流企业组织

第三方物流企业的组织结构由其资源状况决定，通常有以下三种形式。

1. 独立资源型

在物流服务中，以自由设施承担第三方物流服务的企业的组织结构如图 4-22 所示。其中，功能包括仓储、包装、运输与配送、流通加工等。

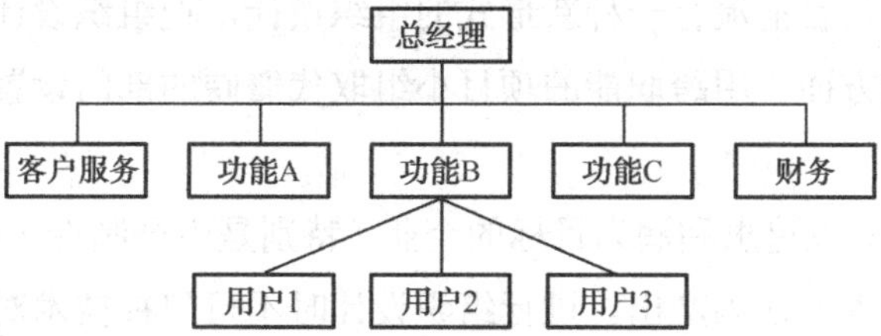

图 4-22　独立资源型

2. 外包资源型

将全部第三方物流业务外包的第三方物流企业等同于货代公司，一方面，他们代表物流服务供应商，为货主安排物流服务；另一方面，他们代表货主向物流服务供应商提供物流客户资源。

3. 综合资源型

自身拥有独立的物流硬件和软件服务资源，可以向市场提供第三方物流服务，同时又将一部分客户资源外包出去的是综合资源型第三方物流企业，其组织结构如图 4-23 所示。

四、物流组织设计

1. 影响物流组织设计的因素

（1）企业类型。不同类型的企业，物流管理的侧重点不同，物流管理组织的结构设计也相应各有特点。如原材料生产型的企业，它们是其他企业原材料的供应者，其产品种类虽一般较少，但通常却需要大批量装卸和运输。因此，一般要成立正式的物流管理部门与之相适应。

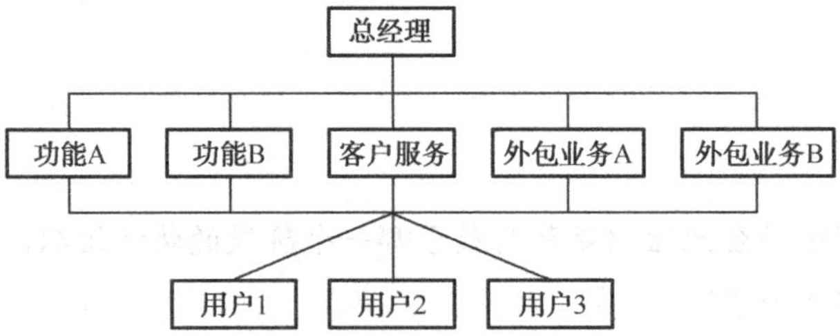

图 4-23　综合资源型

（2）企业战略。企业组织是帮助企业管理者实现管理目标的手段。因为目标产生于组织的总战略，组织的设计应该与企业的战略紧密配合，特别是组织结构应当服从企业战略。如果一个企业的战略发生了重大调整，毫无疑问，组织的结构就需要做相应的变动以适应和支持新的战略。

（3）企业规模。企业规模的大小对企业的组织结构有明显的影响作用。例如，对于规模大的企业，目前流行一种新形式的组织设计，把组织设计的侧重点放到顾客需要或工作过程方面，用跨职能的项目小组取代僵硬的部门设置，在提高效率方面发挥了作用。

（4）企业技术。以追求利润为目标的企业（特别是生产制造企业），都需要采取一定的技术，将投入转换为产出。进行组织设计时不可忽视技术对组织结构提出的要求。越是常规的技术，结构就越应该标准化，即采用机械式的组织结构；越是非常规的技术，结构就越应该是有机式的。

（5）企业环境。企业环境是组织结构设计的一个主要影响因素。从本质上说，较稳定的企业环境，采用机械式组织更为有效；而动态的、不确定的环境，则采用有机式组织更佳。由于现今企业面临的竞争压力增大，企业环境也不似从前稳定，故企业物流组织应该能够对环境的变化作出有益于企业运行的反应，设计要充分体现出“柔性”特征。

总之，企业物流管理组织设计一定要从企业的实际出发，综合考虑企业的规模、产权制度、生产经营特点、企业组织形态及实际管理水平等多种因素，以建立最适宜的组织。物流管理组织的调整，要适应企业经营方式的变革和企业内部管理向集约化转换的需要。

2. 物流组织设计的原则

要保证一个管理组织的正常有效运行，组织设计必须科学合理。管理组织设计的一般原则：系统效益原则、优化原则、标准化原则和服务原则。

此外，还必须根据企业物流工作的特点，考虑企业物流组织特有的一些原则，包括任务目标原则、分工协作原则、集权和分权相结合的原则、稳定性和适应性相结合的原则、责权利相结合的原则、精干有效的原则等。物流管理机构的组织活动，要明确物流管理的职能范围。关于职能范围，虽然各个企业不尽相同，但基本包括物流业务与系统协调两大部分。

物流业务主要在于物流活动计划、计划的调整实施、执行结果的评价等。物流管理部门在这方面的主要作用在于：评价物流系统现状、发现问题、研究改进办法，对能够改变物流现状的物流系统本身进行设计和改造，并制定新的物流计划，确定出控制标准，以保证合理的物流活动继续进行。物流管理部门还应额外承担进行系统协调的"非正式职能"。这主要是因为物流管理与企业其他的管理职能紧密相关，且具有交叉性。

任务八　认知物流战略管理

任务情境

3M 公司是一家美国企业，全称为明尼苏达矿务及制造业公司（Minnesota Mining and Manufacturing Corporation），于 1902 年在美国明尼苏达州成立，是一家历史悠久的多元化跨国企业，素以产品种类繁多，锐意创新而著称于世。在 3M 公司成立的 114 年中，几乎有一半时间是投身于国际作业的，它的收入中大约有 50%来自美国境外。3M 公司经营着 32 家大型企业，生产 6 万多种产品，而这些产品的制造需要 100 多种技术。3M 公司产品的成功，是其在研究方面投入巨资的结果。3M 公司在 21 个国家进行研究和开发工作，在 41 个国家开展制造和变换作业。

近年来，3M 公司和其他世界级的制造商已缩短了生产期，根据产品而不是根据工艺技术来重新组织工厂的布局，将更大的地方控制权分配给生产现场，并利用 JIT 存货方式来提高制造生产率和灵活性。这些变化提高了对顾客需求的反应能力。为了获得这些变化带来的利益，3M 公司认为，全球制造战略必须把营销和物流结合进去。

公司在广泛区域内的制造和研究表明，它承担了一种复杂的物流支持任务。3M 公司 20 世纪 90 年代的物流形象，使其成为仓储、包装、数据处理、客户服务及运输方面的最佳服务公司。营造这种形象的一个主要目的是要排除多余的物流成本。该公司还通过建立更大、更有效的仓库替代大量的微型配送中心，以改善配送能力。

全球制造需要一系列涉及许多国家环境的物流网络。3M 公司被认为是关心环境问题的全球最主要法人公民之一。3M 公司的环境政策强调开发制造工艺要实现"零废弃物"，公司郑重提出"全面质量等于无损失"，也即全面质量意味着无浪费。1975

年，该公司首先提出的3P（Pollution Prevent Pays）规划，一项防污染投资，现在已是其集团环境政策的一个组成部分。事实上，3M公司声称已从其环境政策的底线获益，减少废弃物意味着制造效率更高，危害性材料的物流运输越少，潜在的责任越小，非生产性转换的物流成本也越低。

在其全球物流战略中，3M公司对其运输公司提出了严格的服务质量标准：100%的准时和无损失送货。3M公司与它的主要客户和27家汽车运输公司，利用电子计算机联网交换信息，以考核各运输公司提供的服务水平。

（资料来源：http://www.cqvip.com/read/read.aspx？id=15477439）

任务要求

结合任务情境，回答以下问题：

1．3M公司为什么要采取全球物流战略？

2．3M公司采取的全球物流战略有什么特点？

3．3M公司在实施全球物流战略的同时也推行了绿色物流战略，这种战略给它带来什么好处？

4．试说明该案例带给我们的启示是什么？

知识准备

一、物流战略的含义及特征

物流战略（Logistics Strategy）是企业为了更好地开展物流活动而制定的行动指南，是企业为实现经营目标，通过对企业的外部环境和内部资源的分析而制定的较长期的全局性的重大物流发展决策，它作为企业战略的组成部分，必须服从企业战略的要求，与之一致。选择好的物流战略和制定好的企业战略一样，需要很多创造性过程，创新思想往往带来更有力的竞争优势。企业物流战略具有以下四个特征。

1．目的性

企业物流战略的制定与实施服务于一个明确的目的，那就是使现代企业在变化着的竞争环境里能够生存和发展，具有较强的目的性。企业物流战略的实施要与日常的经营计划结合在一起，并同时把近期目标（或作业性目标）与长远目标（战略性目标）结合起来，把总体战略目标与局部的战术目标统一起来，从而可以调动各级管理人员参与战略管理的积极性，有利于充分利用企业的各种资源并提高协同效果。

2. 长期性

物流战略的长期性就是在环境分析和科学预测的基础上，展望未来，为企业物流活动谋求长期发展的目标。根据企业规模和性质的不同，企业物流战略的长期性体现在着眼于长远的未来。

3. 竞争性

企业物流战略必须面向未来，进行物流发展的全局性设计和谋划；设计现代企业的竞争战略以保持企业竞争优势，从而使战略具有对抗性、战斗性。竞争性是企业制定物流战略时另一个重要的特征，与前两个特征相辅相成，存在密切的联系。

4. 系统性

任何战略都有一个系统的模式，既要有一定的战略目标，也要有实现这一目标的途径和方针，还要制定政策和规划，企业物流战略要构成一个战略体系。

二、物流战略的分类

物流战略可以从四个角度进行分类，即按照功能、业务流程、企业性质和管理重点进行分类，如图 4-24 所示。

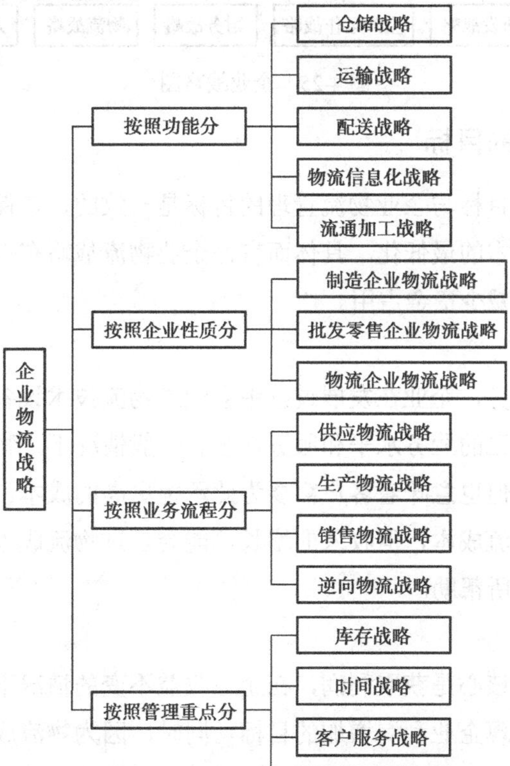

图 4-24　物流战略的分类

物流战略按照功能划分，可以分为仓储战略、运输战略、配送战略、物流信息化战略、流通加工战略等；按照企业业务流程划分，可以分为供应物流战略、生产物流战略、销售物流战略及逆向物流战略等；按照企业性质划分，可以分为制造企业物流战略、批发零售企业物流战略和物流企业物流战略；按照物流管理重点划分，可以分为库存战略、时间战略、客户服务战略、成本战略等。

三、物流战略的地位

物流战略是企业总体战略的组成部分。企业的战略目标可以是追求利润最大化、企业的生存与发展、投资回报、社会效益或市场份额等。企业战略带动各职能部门的战略，如图 4-25 所示。物流战略与生产运作、营销、财务、研发、人力资源战略一起，支持企业战略的实现。

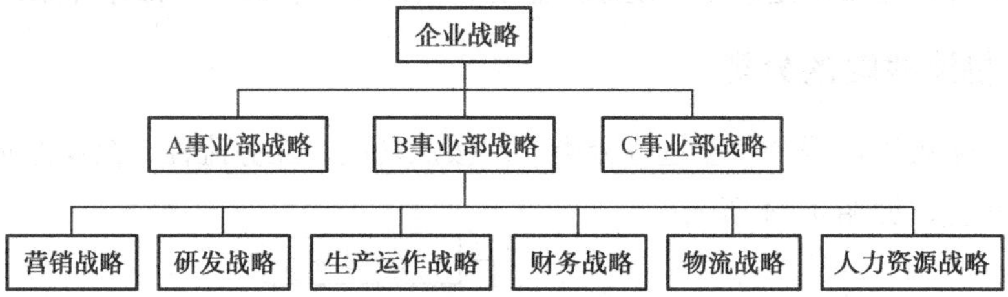

图 4-25　企业战略图

四、物流战略的目标

企业物流战略的目标与企业物流管理的目标是一致的，在保证物流服务水平的前提下，实现物流成本的最低化。具体而言，企业物流战略有三个目标，即提高服务水平、降低成本和减少资金占用。

1. 提高服务水平

物流的核心是服务，企业在发展过程中会通过物流技术设备的更新和管理理念的进步，不断提高自己的业务水平和服务水平。一般情况下，物流服务水平越高，企业销售收入越高，但也意味着客户需要为此承担更高的成本。尽管提高物流服务水平将大幅度提高物流成本，但收入的增长可能会超过物流成本的上升，对整个企业利润的增加都会有所帮助。

2. 降低成本

现代企业的经营核心是获取利润，在企业收益不变的情况下，如果企业能够降低成本支出就可以实现企业利润增加的目标。同时，因为物流成本是企业总成本的构成成分中具有财务杠杆作用的成本之一，所以物流成本的降低就可以带来利润的成倍增加。物流战略实施的目标是将总成本降到最低。通常要评价各备选方案，比如在不同的仓库选址中进行选择，或者在不同的运输方式中进行选择，需要找出成本最低的方案，以形成最佳战略。利润最大化是物流战略的重要目标。

3. 减少资金占用

物流战略实施的目标是物流系统的投资最小化。该战略的根本出发点是投资回报的最大化。例如，为避免进行仓储而直接将产品送达客户，放弃自有仓库而选择公共仓库，选择及时供应的办法而不采用储备库存的办法，或者是利用第三方物流企业提供的物流服务等战略措施，与需要高额投资的战略相比，这些战略可能导致可变成本的增加，但资金占用少了，投资回报率会提高。

五、物流战略管理的过程

物流战略管理由三个阶段构成，即物流战略制定、物流战略实施和物流战略控制与调整。

1. 物流战略制定

战略规划制定就是企业在内外环境分析的基础上，按照一定的程序和办法，规划战略目标，划分战略阶段，明确战略重点，制定战略对策，从而提出指导企业物流长远发展的全局性总体谋划。战略规划的制定是一项十分重要而又十分复杂的系统工程，需依照一定的程序和步骤。一般来说，制定战略规划的程序有以下几个互相衔接的环节。

（1）树立正确的战略思想。战略思想是指导战略制定和实施的基本思想，是整个战略的灵魂，它贯穿于物流战略管理的全过程，对战略目标、战略重点、战略对策起一个统帅作用。战略思想来自战略理论、战略环境的客观分析及企业领导层的战略风格。一个企业的战略思想主要应该包括：竞争观念、市场营销观念、服务观念、创新观念和效益观念等。

（2）进行战略环境分析。这是制定战略的基础和前提。如果对组织内外环境如物流法规、市场情况、技术情况等方面没有全面而准确的认识，就无法制定出切合实际的战略规划。

（3）确定物流战略目标。物流战略目标是指企业在完成基本物流服务过程中所追求的最终结果。它是由战略决策者根据企业的物流目标而确定的。物流战略目标为企业物流活动的运行指明了方向，为企业物流评估提供了标准，为其资源配置提供了依据。利用物流战略目标可以对企业全部物流服务活动进行有效管理。

（4）划分战略阶段，明确战略重点。战略阶段是指战略的制定和实施在全过程中要划分为若干阶段，一步一步地达到预定的战略目标。一个较长期的战略，如 5

年、10 年的战略规划，必须是逐步实现、逐步推进，因此就要划分为若干阶段。战略阶段的划分，或者叫作战略步骤的划分，实际上是对战略目标和战略周期的分割。这种划分和分割，要求明确各战略阶段的起止时间及在这段时间内所达到的具体目标。这些具体目标和阶段的总和就构成了总的战略目标和战略周期。战略重点是指对战略目标的实现有决定意义和重大影响的关键部位、环节和部门。抓住关键部位，突破薄弱环节，便于带动全局，实现战略目标。

（5）制定战略对策。战略对策是指为实现战略指导思想和战略目标而采取的重要措施和手段。根据组织内外环境情况及变动趋向，拟订多种战略对策及应变措施，以保证战略目标的实现。

（6）战略评价和选择。战略评价是一个战略制定阶段的最后环节。如果评价后战略方案被否定，就要按照上述程序重新拟订；如果评价后战略规划获得肯定，则结束战略制定而进入战略的具体实施阶段。

2. 物流战略实施

物流战略实施就是将战略转化为行动，主要涉及以下一些问题：企业如何建立年度物流目标、制定物流政策、配置物流资源，以便使企业制定的物流战略能够得到落实；为了实现既定的战略目标，还需要获得哪些外部资源及如何使用；需要对组织结构进行哪些调整；如何处理可能出现的利益再分配与企业文化的适应问题；如何进行企业文化管理，以保证企业物流战略的成功实施等。

物流战略实施是战略管理过程中难度最大的阶段，战略实施的成功与否，是整个战略管理能否实现战略目标的关键。

3. 物流战略控制与调整

物流战略控制是物流战略管理的最后阶段。物流战略控制可分为三个步骤：制定控制标准；根据标准衡量执行情况；纠正偏差。战略控制的方法主要有：事前控制、事中控制和事后控制。

物流战略调整就是根据企业情况的发展变化，即参照实际的经营事实、变化的经营环境、新的思维和新的机会，及时对所制定的战略进行调整，以保证战略对企业物流管理进行指导的有效性，包括调整企业的长期物流发展方向、企业的物流目标体系、企业物流战略的执行等内容。

物流战略制定固然重要，但物流战略实施与控制同样重要。一个良好的物流战略仅是物流战略管理成功的前提，有效的物流战略实施、控制才是物流战略目标顺利实现的保证。

【巩固提高】

一、填空题

1. 物流管理是指在社会再生产过程中，根据货物实体流动的规律，应用管理学的基本原理和科学方法，对物流活动进行计划、______、_____与控制。

2. 集装器具主要有三大类，它们是________、托盘和其他集装器具。

3. 各类物流成本之间具有悖反关系，一类物流成本的______往往以其他物流成本的______为代价。

4. 供应链内部客户一般具有稳定性、标准性和_______三个特征。

5. 功能集合型物流组织适合于外部环境较为稳定、__________、重视内部营运效率、操作人员素质比较好的中型规模企业。

二、单项选择题

1. 物流活动中所消耗的物化劳动和活劳动的货币表现称为（　　）。

A. 物流服务　　B. 物流成本　　C. 物流质量　　D. 物流标准

2. 提供供需双方部分或全部物流功能的外部物流服务提供者是（　　）。

A. 第三方物流　　B. 第四方物流　　C. 供应链物流　　D. 动态联盟物流

3. 在总体上，坚持物流合理化的原则，就是在兼顾成本与（　　）的前提下，对物流系统的构成要素进行调整改进，实现物流系统整体优化。

A. 服务　　B. 客户　　C. 组织　　D. 战略

4.（　　）是指在选择物流设备和设施时，要注意设备和设施的噪声及排放物对环境的污染。

A. 灵活性　　B. 效率性　　C. 环保性　　D. 安全性

5.（　　）是一种无线通信技术，可以通过无线电信号识别特定目标并读写相关数据，而无须识别系统与特定目标之间建立机械或光学接触。

A. 条码技术　　B.EDI 技术　　C. GIS 技术　　D. 射频识别技术

6. 在物流活动中，一种功能成本的削减会使另一种功能的成本增大，就是说出现了此消彼长、此损彼益的现象，这种现象又称为物流成本的（　　）。

A. 隐含性　　B. 效益背反

C. 成本削减的乘数效应　　D. 非可控现象

7. 全面质量管理以（　　）为基础，目的在于通过让顾客满意和本组织所有成员及社会受益而达到长期成功的管理途径。

A. 全员参与　　B.全局考虑　　C. 客户满意度　　D. 产品质量

8. 客户关系管理是企业从“以产品为中心”的模式向“（　　）”的模式进行转

移的必然结果。

A．以服务为中心　　　　　　　　B．以价值为中心

C．以客户为中心　　　　　　　　D．以质量为中心

9．企业物流战略的目标与企业物流管理的目标是一致的，在保证（　　）的前提下，实现物流成本的最低化。

A．资金链不断裂　　B．绿色环保　　C．物流服务水平　　D．物流效率

三、简答题

1．物流管理的内容包括哪些方面？它的作用是什么？

2．物流设备的使用和维护保养需要注意哪些方面？

3．物流成本有哪些影响因素？如何降低物流成本？

4．物流质量管理体系包括哪些指标？

5．物流客户开发的途径有哪些？如何巩固和维护物流客户？

6．物流组织设计的原则是什么？有哪些影响因素？

7．物流战略的目标是什么？

【调查与实践】

调查所在城市的物流企业，该企业拥有哪些物流设施设备？在工作中采用了哪些物流技术？深入了解企业物流战略与组织管理，它是如何进行质量管理与成本管理的？写出一篇不少于800字的调研报告。

项目五

认知物流标准化

项目目标

1. 能区分标准及标准化的概念。
2. 能区分物流标准与物流标准化的概念。
3. 理解物流标准化的意义。
4. 了解物流标准体系及物流术语标准的内容。
5. 了解物流作业技术标准的内容。
6. 熟悉物流基础模数尺寸相关内容。
7. 理解物流设施标准、设备标准的相关内容。
8. 掌握物流集装单元器具相关标准。

任务一　了解物流标准化

任务情境

为深入贯彻落实国务院《物流业发展中长期规划（2014—2020年）》（国发〔2014〕42号）、《财政部办公厅、商务部办公厅、国家标准委办公室关于开展物流标准化试点有关问题的通知》（财办建〔2014〕64号）和《国家标准委、商务部关于加快推进商贸物流标准化工作的意见》（国标委服务联〔2014〕33号）有关要求，上海市制定了物流标准化试点方案，方案中提出的目标有：

（1）基本形成标准化托盘循环共用体系。培育4～5家标准化托盘年生产规模20万元以上、服务网点健全的托盘运营服务商，跨区域服务能力稳步提升；试点商贸、物流企业标准化托盘使用率达90%以上，托盘租赁率达60%，供应链协同作业效率提高10%。

（2）探索建立农产品全流程物流包装标准化体系。以农产品周转箱、笼车、保温箱等设备为切入点，提升农产品物流包装标准化水平，形成农产品物流服务新模式，降低农产品货损，促进绿色流通发展。

（3）逐步完善城市配送物流服务体系。药品、危险化学品、食品冷链和跨境电子商务等领域物流运作效率和安全性稳步提升，初步形成以新能源等车辆为载体的城市末端配送服务模式和标准。

（4）积极构建上海城市物流标准体系。形成2～3家服务于物流标准化的公共信息服务平台，带动中小微物流企业提升标准化服务水平。宣传贯彻实施托盘规格及服务质量要求、企业标准化工作指南、物流服务质量、物流信息化等国家、行业和地方标准，试点企业标准化水平明显提升，建成一支涵盖政府、企业、行业组织、科研院所的物流标准化专家队伍。

（资料来源：http://www.scofcom.gov.cn/xdwl/237764.htm）

任务要求

结合任务情境，回答下列问题：

1．什么是物流标准化？

2．物流标准与物流标准化有什么区别？

3．在我国，实现物流标准化有什么重要意义？

知识准备

一、物流标准化的概念

标准是指为在一定的范围内获得最佳秩序，对活动或其结果规定共同的和重复使用的规则、导则或特性的文件。该文件经协商一致制定，并需经一个公认机构的批准。标准化是指对产品、工作、工程或服务等普遍的活动规定统一的标准，并且对这个标准进行贯彻实施的整个过程。

随着全球一体化进程的加快，标准化工作所涉及的领域越来越广泛，发挥的作用也越来越大，国际标准的采用已经十分普遍，标准化已成为企业竞争的重要手段。物流标准化是现代物流发展的基础，是提高物流效率的重要途径。目前，物流标准化已经成为行业发展关注的焦点。

在物流系统中，物流标准主要指物流基础标准和物流活动中采购、运输、装卸搬运、仓储、包装、配送、流通加工等方面的技术标准。物流标准化是指以物流系统为对象，围绕运输、仓储、装卸搬运、包装、配送、流通加工及物流信息处理等物流活动制定、发布和实施的有关技术和工作方面的标准，并按照技术标准和工作标准的配合性要求，统一整个物流系统的标准并贯彻实施的过程。

物流标准化具有以下含义：

（1）物流标准化是以制定标准、贯彻标准并随着发展的需要而修订标准的活动过程，是一个不断循环，螺旋式上升的过程。每完成一个循环，标准的水平就提高一步。因此，标准实施后制定标准的部门应根据科学技术的发展和经济建设的需要适时进行复审，以确认现行标准是否继续有效或予以修订或废止。

（2）物流标准是物流标准化活动的产物，标准化的目的和作用，都是要通过制定和贯彻具体标准来实现的。因此，制定、修订和贯彻物流标准，是物流标准化的基本任务和主要内容。

（3）物流标准化的效果只有通过在社会实践中实施标准，才能表现出来。在物流标准化的全部活动中，贯彻实施标准是一个关键环节，是建立最佳秩序，取得最佳效益的落脚点。例如，整个物流实现标准化，每一项标准得到贯彻实施，可以加速运输、装卸的速度，降低暂存费用，减少中间损失，提高工作效率，获得显著的经济效益。

（4）物流标准化是一个相对的概念。从深度上讲，无论是单个标准，还是标准系统，随着客观情况的变化都要经过不断调整。每经过一次调整，它的结构就更趋合理，功能水平就相应提高，并逐步向深层次发展。从广度上看，一项孤立的标准，即使很完整，水平很高，标准化的目的也是不容易实现的，还必须把与之相关的一系列标准都建立起来，形成一个系统，发挥系统的整体作用，这个系统再与其他系统相结合、配套，形成更大的系统。物流标准化的活动过程就是系统的建立和系统之间协调、发展的过程。

二、物流标准化的特点

与一般标准化系统不同，物流系统的标准化涉及面更为广泛，其对象也不像一般标准化系统那样单一，而是包括了机电、建筑、工具、工作方法等许多种类，这就出现了虽然处于一个大系统中，但缺乏共性的现象。从而造成标准种类繁多，标准内容复杂，这给标准的统一性及配合性带来很大困难。

（1）物流标准化系统是属于二次系统，或称后标准化系统。这是由于物流及物流管理思想诞生较晚，组成物流大系统的各个分系统在没有归入物流系统之前，早已分别实现了本系统的标准化，并且经过多年的应用，不断发展和巩固已很难改变。所以通常在各个分系统标准化基础上建立物流标准化系统，有一个适应及协调的过程，而不可能全部创新。

（2）物流标准化更要求体现科学性、民主性和经济性。科学性的要求是要体现现代科技成果，并与物流的现代化（包括现代技术管理）相适应，能将现代科技成果联结成物流大系统。民主性是指标准的制定应采用协商一致的办法，广泛考虑各种现实条件，广泛听取意见，使标准更具权威、减少阻力，易于贯彻执行。经济性是标准化主要目的之一，也是标准生命力的决定因素，物流过程不像深加工那样引起产品的大幅度增值，但是物流过程又必须大量投入，如不注意标准的经济性，片面强调反映现代科技水平，片面顺从物流习惯及现状，引起物流成本的增加，会使标准失去生命力。

（3）物流标准化有非常强的国际性。由于我国的经济改革开放政策，对外贸易和国际交流有了大幅度上升，而所有的国际贸易又最终靠国际物流来完成。所以，我们要重视本国物流与国际物流的衔接，否则将会加大国际交往的技术难度，并增加因标准化系统不统一所造成的效益损失，使外贸成本增加。

三、实现物流标准化管理的意义

物流标准化是物流发展的基础。因为物流是一个复杂的系统工程，对待这样一个大型系统，要保证系统的统一性、一致性和系统内部各环节的有机联系，需要许多方法和手段，标准化是现代物流管理的重要手段之一。它对降低物流成本、提高物流效益具有重大的决定性作用，能保障物流活动的通畅，加快流通速度，减少物流环节，最大限度地节省投入和流通费用，保证物流质量，提高经济效益和服务质量。所以，在我国实现物流标准化具有非常重要的现实意义。

（1）实现物流标准化是建设物流系统的基础工作，是规范物流服务的重要保证。

（2）实现物流标准化是降低物流成本，提高物流效率的有效手段。

（3）实现物流标准化是消除贸易壁垒，促进国际贸易发展的重要保障。

（4）实现物流标准化有利于提高物流技术水平，保证物流服务质量。

（5）实现物流标准化可以加快国内物流与国际物流的接轨，提高企业的全球竞争能力。

全球经济一体化的浪潮，使得世界各国的跨国公司开始把发展的目光集中到我国。特别是我国加入 WTO 后，物流业受到来自国外物流公司的冲击。所以，我国的物流业必须全面与国际接轨，接纳最先进的思想，运用最科学的运作和管理方法，改造和武装我们的物流企业，以提高竞争力。从我国目前的情况看，物流的标准化建设是引导我国物流企业与国际物流接轨的最佳途径。

任务二　学习物流标准化的内容

任务情境

2015 年 8 月 4 日，商务部新闻发言人沈丹阳表示，今年将继续围绕京津冀区域选择天津、石家庄、唐山作为物流标准化试点城市，希望促进提高京津冀区域物流标准化水平。目前，北京、天津、河北都在积极推动相关工作，近期拟结成物流标准化工作联盟。

事实上，物流标准化是实现物流合理化的一种重要工具，特别是在京津冀一体化发展中，完善与加强物流标准化建设，对区域经济和区域地位都具有极大的影响。因为，物流运作环节众多，且相互之间联系密切，因此必须要有统一的技术标准和工作标准，才能形成良好的、系统的协调配合，从而有利于推进京津冀地区物流的总体协调发展。

（资料来源：http://www.cn156.com/article-56459-1.html）

任务要求

结合任务情境，回答下列问题：

1．物流标准化都有哪些具体内容？

2．物流作业技术标准涉及哪些内容？

知识准备

一、物流标准体系

物流标准体系是将物流作为一个大系统，制定系统内部设施、机械设备等的技术标准及包装、装卸、运输、配送等各类作业和管理标准，以及作为现代物流突出特征的物流信息标准，并形成一个完整的标准体系表。物流国家标准体系框架如图 5-1 所示。

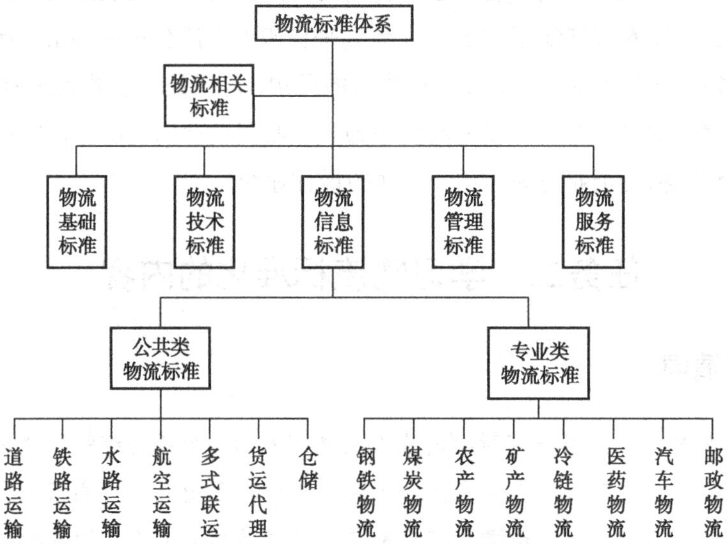

图 5-1　物流国家标准体系框架

物流标准体系包含以下三方面的含义：

（1）覆盖面是物流标准化活动的全部范围。

（2）物流标准体系的组成是各类标准。

（3）物流标准体系是物流标准化工作的蓝图。

二、物流标准释义

（一）物流术语标准

《物流术语》（GB/T 18354—2006）发布于 2006 年 12 月 4 日，并于 2007 年 5 月 1 日正式实施，代替 GB/T 18354—2001。该标准由全国物流标准化技术委员会归口，由中国物流与采购联合会、中国物流技术协会、中国物品编码中心等共同起草。该标准确定了物流活动中的物流基础术语、物流作业术语、物流技术与设施设备术语、物流信息术语、物流管理术语、国际物流术语及其定义。

（二）物流基础模数

物流基础模数尺寸的作用和建筑模数尺寸相似，考虑的基点主要是简单化，是物流设备制造、物流设施建设、物流体系中各环节配合协调、物流系统与其他系统相配合的重要依据。

1. 物流基础模数的概念

物流基础模数是物流系统各标准尺寸的最小公约尺寸。在基础模数尺寸确定之后，各个具体的尺寸标准，都要以基础模数尺寸为依据，选取其整数倍为规定的尺寸标准，基础模数尺寸确定后，只需在倍数中进行标准尺寸选择，便可作为其他尺寸的标准。

2. 物流基础模数的确定

由于物流标准化系统较之其他标准系统建立较晚，所以确定基础模数尺寸主要考虑了目前对物流系统影响最大而又最难改变的事物，即输送设备。采取“逆推法”，由输送设备的尺寸来推算最佳的基础模数。当然，在确定基础模数尺寸时也考虑到了现在已通行的包装模数和已使用的集装设备，并从行为科学的角度研究了人及社会的影响。从其与人的关系看，基础模数尺寸是适合人体操作的最高限尺寸。

目前，ISO 中央秘书处及欧洲各国已基本认定 600mm×400mm 为基础模数尺寸。

3. 物流模数体系

物流模数作为物流系统各环节的标准化的核心，是形成系列化的基础。依据物流模数进一步确定有关系列的大小及尺寸，再从中选择全部或部分，确定为定型的生产制造尺寸，这就完成了某一环节的标准系列。

（三）物流设施标准

物流设施是物流过程中使用设施的总称，是物流系统运行的物质和技术基础。根据各种物流设施自身的特点，本着分类清晰、能体现现代物流特点的原则，物流设施大致分为四类：物流中心、仓库、货运站场和配套设施。

1. 物流中心

物流中心是从事物流活动且具有完善信息网络的场所或组织，应基本符合下列要求：主要面向社会提供公共物流服务；物流功能健全；集聚辐射范围大；存储和吞吐能力强；对下游配送中心客户提供物流服务。

物流中心的相应标准有：

《物流中心分类与基本要求》（GB/T 24358—2009）；

《物流中心设施设备配置规范》（非国标）；

《物流中心系统验收规范》（非国标）。

其中，《物流中心分类与基本要求》（GB/T 24358—2009）提出了我国物流中心的分类依据和类型，规定了物流中心规划建设的基本要求，适用于政府主管部门对我国各物流中心的界定，可为物流中心的立项、审批提供参考，也可作为企业规划建设物流中心的依据。

2. 仓库

仓库是保管、储存物品的建筑物和场所。仓库的形式多种多样，为使体系表更加明确，层次更加清晰，根据仓库的特点和不同要求，分为平面仓库、立体仓库和专业仓库。

仓库相应的标准有：

《通用仓库等级》（GB/T 21072—2007）；

《数码仓库应用系统规范》（GB/T 18768—2002）；

《通用仓库及库区规划设计参数》（GB/T 28581—2012）；

《工业货架规格尺寸与额定荷载》（GB/T 27924—2011）；

《平面库地面承重要求》（非国标）；

《立体仓库分类》（非国标）；

《有轨巷道式高层货架仓库设计规范》（非国标）；

《立体仓库堆垛机配置要求》（非国标）；

《立体仓库货架安装规范》（非国标）；

《立体仓库消防技术要求》（非国标）；

《立体仓库验收规范》（非国标）；

《自动化立体仓库安装、维护与保养》（非国标）；

《冷藏仓库设备配置》（非国标）；

《贵重物品仓库规范》（非国标）；

《危险品仓库设备配置》（非国标）；

《粮食仓库设计规范》（非国标）；

《商业仓库设计规范》（非国标）；

《仓库照明规范和用电要求》（非国标）。

3. 货运站场

货运站场是为货物中转、运输提供服务的设施和场所。可以按照形态和运作条件的不同划分为：公路货运站场、铁路货运站场、港口码头、集装箱站场。

货运站场相应的标准有：

《集装箱公路中转站级别划分、设备配备及建设要求》(GB/T 12419—2005)；

《甩挂运输站场汽车列车配置技术条件》(非国标)；

《汽车货运站（场）级别划分和建设要求》(非国标)；

《铁路站场客货运设备设计规范》(非国标)；

《重力式码头设计与施工规范》(非国标)；

《高桩码头设计与施工规范》(非国标)；

《油码头安全技术基本要求》(非国标)；

《油船油码头安全作业规程》(非国标)；

《格形钢板柱码头设计与施工规范》(非国标)；

《斜坡码头及浮码头设计与施工规范》(非国标)；

《开敞式码头设计与施工技术规范》(非国标)；

《装卸油品码头防火设计规范》(非国标)；

《集装箱堆场设施设备配置》(非国标)；

《机械式冷藏集装箱堆场技术》(非国标)。

其中,《集装箱公路中转站级别划分、设施设备配备及建设要求》(GB/T 12419—2005)规定了集装箱公路中转站（以下简称中转站）的站址选择原则、级别划分、设备配备及建设要求等，适用于中转站的规划和建设，并作为核定中转站级别的依据。其中阐述了中转站的主要业务功能，包括运输组织功能、集装箱装卸和堆存功能、集装箱拆装箱及货物仓储功能、集装箱还箱和维修功能、货运代理功能、信息处理功能和辅助服务功能。

4. 配套设施

对于与各种设施密切相关的配套设施，其中堆场、站台是各个物流节点的接口部分，它们的标准化是非常重要的，主要包括站台和站场。

配套设施相应的标准有：

《甩挂运输车辆装卸货站台技术要求》(非国标)；

《带包装物品堆场的设备配置》(非国标)；

《化工粉体物料堆场及仓库设计规范》(非国标)；

《港口道路、堆场铺面设计与施工规范》(非国标)。

（四）物流设备标准

物流设备标准是为保障物流过程中的安全及便于管理而制定的，分为运输车辆标准、储存设备标准、装卸搬运设备标准、工业包装设备标准、分拣设备标准和配套设备标准。其中，装卸搬运设备标准又分为工业搬运车辆标准、起重运输机械标准和连续搬运机械标准。其内容包括物流设备的基本参数、技术条件、安全规范等，与机械等专业密不可分，多为技术类标准，如《运输工具类型代码》（GB/T 18804—2010）、《叉车 货叉技术要求和试验方法》（GB/T 5182—2008）、《带式输送机》（GB/T 10595—2009）、《通用门式起重机》（GB/T 14406—2011）等。

（五）物流集装单元器具标准

集装单元器具是指便于物料收集成一个完整、统一的基础单元，并在结构上便于机械搬运和储存的器具。集装单元器具标准分为托盘标准、集装箱标准、周转箱标准、其他集装器具标准。下面主要介绍托盘标准和集装箱标准。

1. 托盘标准

国家标准将托盘定义：适用于集装、堆放、搬运和运输的放置作为单元负荷的货物和制品的水平平台装置。按其材质不同，分为木制托盘、钢制托盘、塑料制托盘、高密度合成板托盘等；按照形状分类，可分为平托盘、柱式托盘、箱式托盘、轮式托盘、特种专用托盘等。目前各国的托盘标准尚未统一，托盘尺寸与建筑设施、搬运设备和运输工具等有关。特别是欧洲各国，在制定托盘规格时，都考虑以下因素：与桥梁、隧道、道路和站台设施相适应，与卡车宽度相配合，与仓库支柱的间距、货架尺寸相协调等。所以，改变托盘规格涉及一系列复杂的问题。

根据国际标准化组织颁布的《联合通用托盘主要尺寸及公差》（ISO 6780—2003）的规定，现有托盘主要分为以下四个系列。

（1）1200 系列（1200mm×800mm 和 1200mm×1000mm）。1200mm×800mm 也称为欧洲托盘，它的应用范围最广；1200mm×1000mm 托盘则多用于化学工业。

（2）1100 系列（1100mm×1100mm）。该尺寸系列属于亚洲规格，是由发展较晚的国际集装箱最小内部宽度尺寸 2330mm 确定形成的。

（3）1140 系列（1140mm×1140mm）。该系列托盘是对 1100 系列的改进，目的是充分利用集装箱内部空间。

（4）1219 系列（1219mm×1016mm）。该尺寸系列是考虑到北美国家习惯，以英寸为单位而制定的。

平托盘的高度一般在 100～150mm 之间，单面取 140mm，双面取 150mm。一般要求托盘的宽度和长度的制造误差在 3mm 以内，两对角线误差小于 8mm。

我国联运托盘的规格尺寸和国际标准化组织所规定的通用尺寸是一致的，主要有三个规格，即 800mm×1000mm，800mm×1200mm，1000mm×1200mm。

关于托盘的相应标准有：

《托盘术语》（GB/T 3716—2000）；

《联运通用平托盘 主要尺寸及公差》（GB/T 2934—2007）；

《联运通用平托盘 性能要求和试验选择》（GB/T 4995—2014）；

《托盘编码及条码表示》（GB/T 31005—2014）；

《联运通用平托盘 木质平托盘》（GB/T 31148—2014）；

《铁路货运钢制平托盘》（GB/T 10486—1989）；

《塑料平托盘》（GB/T 15234—1994）；

《箱式、立柱式托盘》（GB/T 18832—2002）；

《组合式塑料托盘》（GB/T 27915—2011）。

2. 集装箱标准

国际标准化组织在 1968 年第 104 技术委员会起草的国际标准《集装箱术语》（ISO/R830—1968）中，对集装箱进行了定义。该标准后来进行了多次修改。国际标准 ISO830/1981《集装箱名词术语》将集装箱定义为："集装箱是一种运输设备，①具有耐久性和足够的强度，适合反复使用；②经专门设计，便于以一种或多种运输方式运输货物，无需中途换装；③具有快速装卸和搬运的装置，特别便于从一种运输方式转移到另一种运输方式；④便于货物装满和卸空；⑤具有 $1m^3$ 及其以上的容积。集装箱这一术语，不包括车辆和一般包装。"

根据用途不同，集装箱可分为：通用干货集装箱、保温集装箱、干散货集装箱、开顶集装箱、罐式集装箱、平台和台架式集装箱、汽车集装箱、动物集装箱、生皮集装箱、组合式集装箱等；按箱体材料不同，集装箱可分为：钢制集装箱、铝合金集装箱、不锈钢集装箱、玻璃钢集装箱等；按集装箱结构不同分为：内柱式集装箱和外柱式集装箱、折叠式集装箱和固定式集装箱、预制骨架式集装箱和薄壳式集装箱等；按运输方式不同可分为：联运集装箱、海运集装箱、铁路集装箱、空运集装箱等。

集装箱标准化对集装箱的发展有非常重要的作用，集装箱标准不仅与集装箱本身有关，也与各运输设备、各装卸机具，甚至于车站、码头、仓库的设施有关。为了有效地开展国际集装箱多式联运，必须做好集装箱标准化工作。

目前集装箱标准按使用范围划分，有国际标准、国家标准、地区标准和公司标准共四种。

（1）国际标准集装箱。国际标准集装箱是根据国际标准化组织（ISO）第 104

技术委员会制定的国际标准来制造的标准集装箱。现行的国际标准为第 I 系列共 13 种，宽度相同（2438mm），长度有 4 种（12192mm、9125mm、6058mm、2991mm），高度有 4 种（2896mm、2591mm、2438mm、<2438mm）。

国际标准集装箱外部尺寸和额定重量如表 5-1 所示，第 I 系列集装箱长度关系如图 5-2 所示。

表 5-1　国际标准集装箱外部尺寸和额定重量表

箱型号	外部尺寸						额定重量	
	长度		宽度		高度		千克（kg）	磅（lb）
	公制（mm）	英制（ft）	公制（mm）	英制（ft）	公制（mm）	英制（ft）		
1AAA	12192	40	2438	8	2896	9.5	30480	67200
1AA					2591	8.5		
1A					2438	8		
1AX					<2438	<8		
1BBB	9125	29.94	2438	8	2896	9.5	25400	56000
1BB					2591	8.5		
1B					2438	8		
1BX					<2438	<8		
1CC	6058	19.88	2438	8	2591	8.5	24000	52900
1C					2438	8		
1CX					<2438	<8		
1D	2991	9.81	2438	8	2438	8	10160	22400
1DX					<2438	<8		

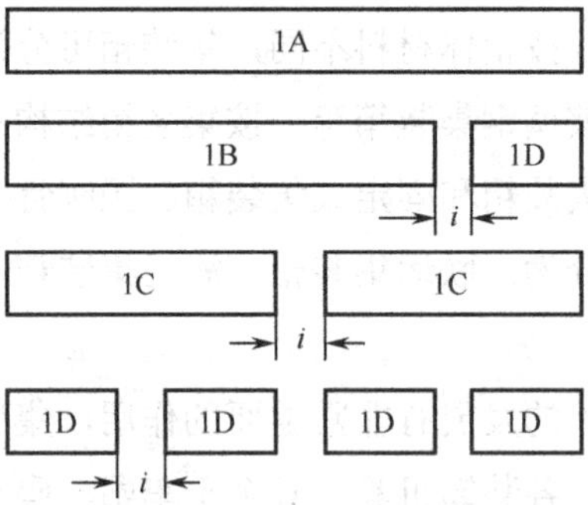

图 5-2　国际第 I 系列集装箱长度关系图

图中间距 i=76mm。

1A=1B+i+1D=9125+76+2991=12192（mm）

1B=1D+i+1D+i+1D=3×2991+2×76=9125（mm）

1C=1D+i+1D=2×2991+76=6058（mm）

在ISO体系中的1CC型集装箱，是钢制普通货物集装箱中最具有代表性的一种箱型，在集装箱作业量统计中所使用的标准箱TEU（Twenty-feet Equivalent Unit）单位，就是以它作为基础的换算单位。即40ft集装箱=2 TEU；30ft集装箱=1.5 TEU；20ft集装箱=1 TEU；10ft集装箱=0.5 TEU。

（2）国家标准集装箱。各国政府会参照国际标准并考虑本国的具体情况来制定本国的集装箱标准。我国现行国家标准《集装箱分类、尺寸和额定质量》（GB/T 1413—1998）中，对集装箱各种型号的外部尺寸、极限偏差及最大总质量做了明确的规定。

（3）地区标准集装箱。地区组织会参照本地区的特殊情况制定该地区的集装箱标准。此类集装箱仅适用于某一地区，如欧洲国际铁路联盟所指定的集装箱标准仅适用于欧洲地区。

（4）公司标准集装箱。某些公司会根据本公司的具体情况和条件制定集装箱标准。公司标准集装箱主要在本公司运输范围内使用。如美国海路联运公司10.67m（35ft）长的集装箱。

有关集装箱的相应标准有：

《集装箱术语》（GB/T 1992—2006）；

《集装箱分类、尺寸和额定质量》（GB/T 1413—2008）；

《集装箱代码、识别和标记》（GB/T 1836—1997）；

《集装箱角件》（GB/T 1835—2006）；

《集装箱吊具》（GB/T 3220—2011）；

《钢制通用集装箱修理技术要求》（GB/T 12418—2001）；

《集装箱装卸和栓固》（GB/T 17382—2008）；

《国际集装箱货运交接方式代码》（GB/T 15419—2008）。

（六）物流技术标准

物流技术标准是侧重体现现代物流整合、集成、协同、优化的新技术标准。物流技术标准体系的主要框架分为以下五个部分。

1．物流技术基础标准

物流技术基础标准是指具有通用性的、基础性的标准项目，包括物流技术方法术语、物流技术方法通则等，如《物流中心作业通用规范》。

2．物流综合技术标准

物流综合技术标准主要以保证物流一体化服务质量为目的，体现集成、整合、协同等物流综合的特点，是指导物流领域综合业务技术应用的支撑技术标准，如《物流单据：单据制定统一规范》。

3. 物流环节技术标准

物流环节技术标准是针对某个环节提出的具体作业技术标准，包括运输、仓储、配送、装卸搬运、包装、流通加工等各个作业环节的技术规范及相应的业务单证等，如《货物储存、保管、检查、养护作业规范》。

4. 物流增值业务作业技术标准

物流增值业务作业技术标准是指围绕物流的基本业务而延伸出各种物流增值服务业务的作业规范，如《船务代理作业规范》。

5. 特定产品物流作业技术标准

它是指针对具有特定物流需求的特定产品的物流作业要求与规范，如《生鲜果品、蔬菜储藏与冷藏运输》。

物流作业技术标准是一个涉及面很广的系统标准，涉及的具体物流作业有收货作业、储存作业、装卸搬运作业、拣选作业、发货作业、补货作业、配装作业、运输作业、盘点作业、订单处理、退换货作业、流通加工、货运代理、安全要求、信息管理、物流网络管理等。

【巩固提高】

一、填空题

选择合适的备用词，分别填入第1～5题：

标准、标准化、物流标准、物流标准化、物流标准体系

1. 为在一定的范围内获得最佳秩序，对活动或其结果规定共同的和重复使用的规则、导则或特性的文件称为__________。

2. ______________是将物流作为一个大系统，制定系统内部设施、机械设备等的技术标准和包装、装卸、运输、配送等各类作业标准、管理标准及信息标准，并形成一个完整的标准体系表。

3. 对产品、工作、工程或服务等普遍的活动规定统一的______，并且对此进行贯彻实施的整个过程称为__________。

4. ___________是指以物流系统为对象，围绕运输、储存、装卸、包装及物流信息处理等物流活动制定、发布和实施的有关技术和工作方面的标准，并按照技术标准和工作标准的配合性要求，统一整个物流系统的标准的过程。

5. ___________是物流标准化活动的产物，标准化的目的和作用，都是要通过制定和贯彻具体________来实现的。

二、单选题

1．关于物流标准化的特点，说法不正确的是（　　）。

A．物流标准化系统属于二次系统　　B．物流标准化有非常强的国际性

C．物流标准化涉及面广　　D．物流标准化对象单一

2．以下不属于我国联运托盘规格尺寸的是（　　）。

A．800mm×1000mm　　B．800mm×1200mm

C．1100mm×1100mm　　D．1000mm×1200mm

3．目前 ISO 中央秘书处认定的基础模数尺寸是（　　）。

A．300mm×200mm　　B．600mm×400mm

C．800mm×600mm　　D．1200mm×800mm

4．现行的国际标准集装箱宽度为（　　）。

A．2591mm　　B．2991mm　　C．2483mm　　D．2438mm

三、简答题

1．什么是物流标准化？实现物流标准化有何意义？

2．什么是物流基础模数尺寸？有何作用？

项目六

了解物流业新动态

项目目标

1. 了解供应链的定义。
2. 掌握供应链管理思想。
3. 能说明什么是物流金融。
4. 了解物流金融的实施方式。
5. 了解互联网给物流行业带来了哪些变化。
6. 展望物流业在互联网影响下的发展趋势。
7. 了解物流行业前沿动态。

任务一　明确供应链管理思想

任务情境

戴尔致力于倾听客户需求，提供客户所信赖和注重的创新技术与服务。戴尔之所以能够不断巩固其市场领先地位，是因其一贯坚持直接销售基于标准的计算产品和服务，并提供最佳的客户体验。戴尔公司创立之初是给客户提供电脑组装服务，先天在研发能力和核心技术方面与业界的IBM、惠普等公司有着一定差距，要想在市场竞争中占据一席之地，必须进一步分拆计算机价值链的机会，依靠管理创新获取成本优势，坚持“黄金三原则”——直销、摒弃库存、与客户结盟。

戴尔成功的诀窍在哪儿？该公司分管物流配送的副总裁迪克 · 亨特一语道破天机：“我们只保存可供5天生产的存货，而我们的竞争对手则保存30天、45天，甚至90天的存货。这就是区别。”

戴尔的零库存是建立在供应商库存的使用或借用的基础上的，并形成3%的物流成本优势。戴尔的库存是因为它的每一个产品都是有订单的，通过网络，每20秒就整合一次订单。供应商承担了戴尔的库存风险。戴尔的摒弃库存是一种导向，绝对的零库存是不存在的。库存问题的实质是既要满足客户的产品需求，同时又要尽可能地保持较低的库存水平，只有在供应链居于领导地位的厂商才能满足。

（资料来源：百度文库《戴尔电脑公司的库存管理》）

问题：戴尔公司是如何形成这样一条高效益的供应链的？

任务要求

结合任务情境，回答下列问题：

1．如何理解供应链的定义？

2．正确理解供应链管理思想。

知识准备

一、物流的发展历程

供应链是围绕核心企业，通过对信息流、物流、资金流的控制，从采购原材料开始，制成中间产品及最终产品，最后由销售网络把产品送到消费者手中的将供应商、制造商、分销商、零售商、直到最终用户连成一个整体的功能网链结构。供应链的结构如图 6-1 所示。它不仅是一条连接供应商到用户的物流链、信息链、资金链，而且是一条增值链，物料在供应链上因加工、包装、运输等过程而增加其价值，给相关企业带来收益。

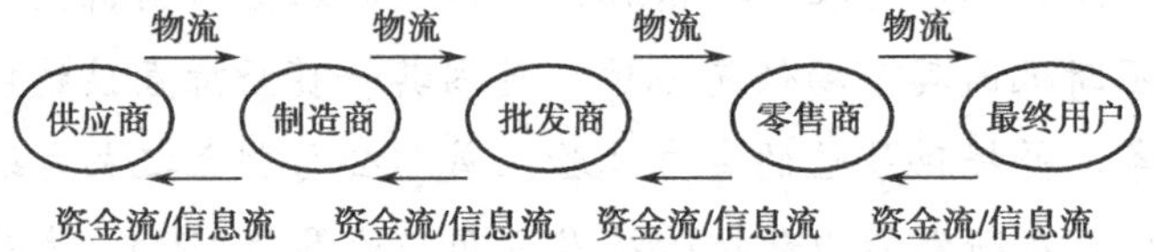

图 6-1　供应链结构图

供应链中一个企业是一个节点，节点企业和节点企业之间都是一种供给与需求的关系。因此，供应链具有复杂性、动态性、交叉性和面向用户需求的特征。不少供应链是跨国、跨地区和跨行业的组合。各国的国情、政体、法律、人文、地理、习惯、风俗都有很大差异，经济发达程度、物流基础设施、物流管理水平和技术能力等也有很大不同；而供应链操作又必须保证其目的的准确性、行动的快速反应性和高质量服务性，这便不难看出供应链复杂性的特点。供应链中的企业都是在众多企业中筛选出的合作伙伴，合作关系是非固定性的，也是在动态中调整的。因此供应链需要随目标的转变而转变，随服务方式的变化而变化，它随时处在一个动态调整的过程中。节点企业可以是这个供应链的成员，同时又是另一个供应链的成员，众多的供应链形成交叉，增加了协调管理的难度。供应链的形成、存在、重构，都是基于一定的市场需求，并且在供应链的运作过程中，用户的需求拉动是供应链中信息流、产品、服务流、资金流运作的驱动源。

根据供应链中核心企业的不同，供应链结构可以分为以制造企业为主导的供应链、以零售企业为主导的供应链和以第三方物流服务商为主导的供应链，分别如图 6-2、图 6-3 和图 6-4 所示。

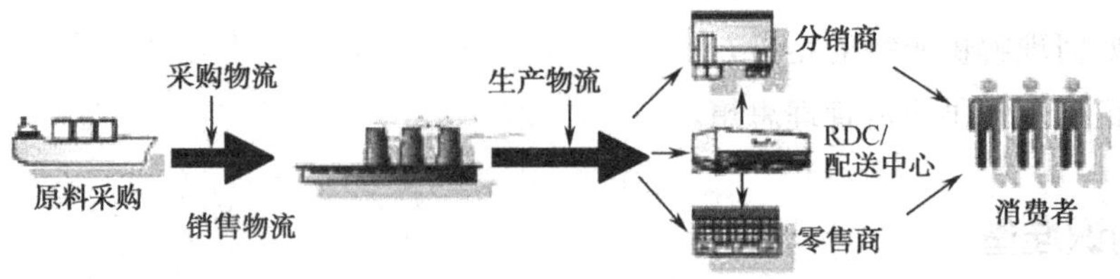

图 6-2　以制造企业为主导的供应链

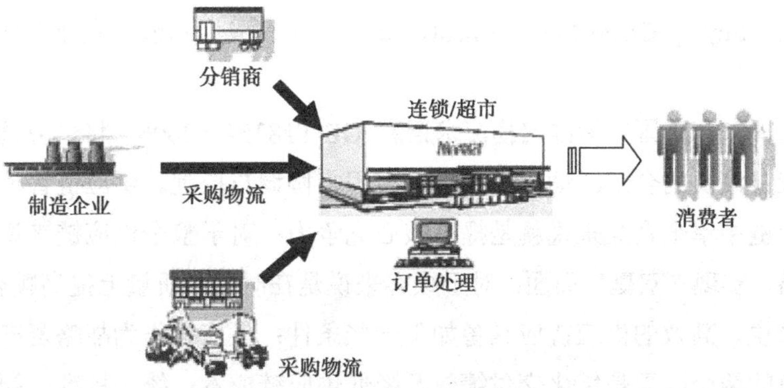

图 6-3 以零售企业为主导的供应链

前两种类型的供应链，即以制造商和零售商为主导的供应链中，各个企业一方面有经营业务上的直接联系，但又都有各自的企业发展战略和经营目标，因此很难让他们从整条供应链角度作出自己的经营决策，尤其是供应链中的核心企业，更可能会借助企业在供应链中的控制力，对其他企业施加影响，使供应链更有利于本企业发展。此外，这类供应链也更容易出现“牛鞭效应”。

由于第三方物流企业与其他企业之间没有经营业务上的直接联系，只是为这些企业提供物流服务，因此，第三方物流企业能够比较超脱地处理供应链上各个企业之间的利益，真正从整个供应链角度进行整合优化，从而更好地从供应链角度降低成本，提高整条供应链的效率，加快供应链的反应，加速资金的周转。

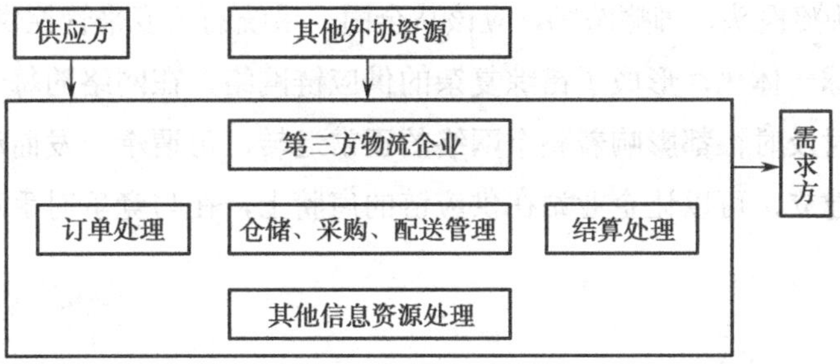

图 6-4 以第三方物流服务商为主导的供应链

二、供应链管理

随着经济全球化和知识经济时代的到来，市场竞争日益激烈，用户需求趋向于不确定性和个性化方向的变化，产品生命周期缩短和产品结构越来越复杂，如何抓住市场机遇，快速、有效地满足顾客的个性化需求，提高顾客的满意度水平，这些都对传统企业管理运作模式提出了新的挑战。20 世纪 80 年代初应运而生的供应链以其敏捷度高、生产成本低、生产周期短等特点得到全球制造业的广泛重视和运用，供应链管理（Supply Chain Management，SCM）正在成为本世纪企业管理的一种重要模式。

中华人民共和国国家标准《物流术语》（GB/T18354－2006）将供应链管理定义为：对供应链涉及的全部活动进行计划、组织、协调与控制。供应链管理的核心思想对于供应链中单个企业来说就是提高核心竞争力；对于整个供应链来说就是合作竞争者战略、实现“双赢”局面；对于顾客来说是在时间、质量上提高顾客满意度。

一般来说，高效的供应链应具备如下一些条件：供应链作为战略资产；能够带来最高价值的两个因素是优化交付绩效及降低供应链成本；统一标准；领军者通常将生产及运送外包，保留对核心战略职能的全球掌控；供应链领军者在能与竞争者区分的竞争力方面充分投资；新一代技术及可持续性的关注提高。

以降低成本为例，供应链管理中经常提到成本与价格，很多企业的做法是降低供应商的价格，督促供应商每年降价，使其逐步陷入与供应商的持久战中。其实，压低供应商的价格，挤压供应商的利润空间，并不是最好的提升竞争力的办法。对于一些快销品行业如服装行业，可以通过降低库存，平衡各门店的库存，做到产销一致，提高周转率，并通过整合供应链，优化供应链，使得供应链的成本降低，让整个供应链赚更多的钱。企业、供应商和客户实现双赢，赚的钱多了，降低价格也就不成为核心问题了。

再比如供应商质量管理，我们需要思考的是如何解决，而且是彻底地解决质量问题，而不是头疼医头，脚痛医脚，应该从全面、系统的角度来管控供应商的质量。随着经济的全球一体化，形成了错综复杂的供应链网络，在网络的每一个环节，成本、质量、交付及时性都影响着整个网络的正常运转，可谓牵一发而动全身。关注企业供应链的建立，可以让企业站在供应链的肩膀上，在与竞争对手对决中占据绝对的优势。

讨论

查找戴尔供应链的资料，结合图 6-1，讨论要实现企业的盈利最大化，可以从哪些环节入手？

任务二　了解物流金融

任务情境

LS 建材企业，主营建材业务，采购款占用了公司大量资金，同时账面上有数额巨大的建材存货，存货占有资金的情况也非常严重，由于企业经营扩张，流动资金吃紧，LS 建材公司想到了贷款，但仅凭现有的规模很难从银行处获得融资，而公司又缺乏传统意义上的房地产作为担保，融资较为困难，眼下商机稍纵即逝，资金链制约了企业的发展。

上述这种状况普遍存在于中国各地的中小规模企业，对于这样的问题，物流金融的发展为企业提供了另一种解决途径。

LS 建材企业在权衡利弊之后，邀请某物流咨询公司前来为公司进行诊断，并在某物流咨询公司的帮助下采用物流金融的方法使公司出现了转机，快速解决了资金链的问题。

（资料来源：http://www.docin.com/p-1401337308.html）

问题：物流咨询公司会如何解决资金链问题呢？

任务要求

结合任务情况，回答下列问题：

1．能说明什么是物流金融。

2．了解物流金融的实施方式。

知识准备

一、物流金融概述

（一）物流金融的定义

物流金融（Logistics Finance）是指面向物流业的运营过程，通过应用和开发各种金融产品，有效地组织和调剂物流领域中货币资金的流动。这些资金流动包括发生在物流过程中的各种存款、贷款、投资、信托、租赁、抵押、贴现、保险、有价证券发行与交易，以及金融机构所办理的各类涉及物流业的中间业务等。

（二）我国物流金融的发展

物流金融是一种创新型的第三方物流服务产品，它为金融机构、供应链企业及第三方物流服务提供商间的紧密合作提供了良好的平台，使得合作能达到“共赢”的效果。它为物流产业提供资金融通、结算、保险等服务的金融业务，伴随着物流产业的发展而产生。

我国的物流金融业务发展起步较晚，业务制度也不够完善。不同于国外以金融机构推动物流金融服务发展的模式，国内物流金融服务的推动者主要是第三方物流公司。物流金融服务是伴随着现代第三方物流企业而生的，在物流金融服务中，现代第三方物流企业业务更加复杂，除了要提供现代物流服务外，还要同金融机构合作一起提供部分金融服务。

2013 年我国物流企业参与监管的融资业务约为 3 万亿元，随着物流产业与金融产业的不断融合，物流金融创新业务中的动产质押已成为缓解我国中小企业融资难的重要抓手，为广大中小企业整合和再造提供了资金支持。目前，很多物流企业通过融资与金融机构的战略合作，夯实了在物流园区、信息化、船舶或车辆更新换代等方面发展的基础，更有一些得以变身为第四方物流企业，甚至还有的积极涉猎或投身快递、网银等新型业态，开辟了新的盈利增长点，实现了与合作方的共赢，发展前景喜人。

在传统的物流金融活动中，物流金融组织被视为是进行资金融通的组织和机构；现代物流金融则强调：物流金融组织就是生产金融产品、提供金融服务、帮助客户分担风险，同时能够有效管理自身风险以获利的机构，物流金融组织盈利的来源就是承担风险的风险溢价。所以，物流金融风险的内涵应从利益价值与风险价值的精算逻辑去挖掘，切不可因惧怕风险而丢了市场。虽然物流金融在我国发展时间很短，但该业务的吸引力已经显现出来，加上我国在上海建立国际金融中心和航运中心，物流金融已迎来发展的春天。作为商业银行，物流金融是决胜未来的秘密武器，是开辟中小企业融资天地的新渠道。对于物流行业来说，物流金融已经成为某些国际物流巨头的第一利润来源。物流金融已成为获得客户资源及垄断资源的重要手段，在物流金融刚刚兴起的过程中，谁领先介入物流金融，谁就能够率先抢占先机。而作为物流企业，谁能够提供金融产品和金融服务，谁就能成为市场的主导者。

（三）国外物流金融的发展状况

物流金融发展起源于物资融资业务。金融和物流的结合可以追溯到公元前 2400 年，当时的美索布达米亚地区就出现了谷物仓单。而英国最早出现的流通纸币就是可兑付的银矿仓单。

国际上，最全面的物流金融规范体系出现在北美（美国和加拿大）及菲律宾等地。以美国为例，其物流金融的主要业务模式之一是面向农产品的仓单质押。仓单既可以作为向银行贷款的抵押，也可以在贸易中作为支付手段进行流通。美国的物流金融体系是以政府为基础的。早在1916年，美国就颁布了美国仓库存储法案（US Warehousing Act of 1916），并以此建立起一整套关于仓单质押的系统规则。这一体系的诞生，不仅成为家庭式农场融资的主要手段之一，同时也提高了整个农业营销系统的效率，降低了运作成本。

相对于发达国家，发展中国家的物流金融业务开始的较晚，业务制度也不够完善。非洲贸易的自由化很早就吸引了众多外国企业作为审查公司进入当地。这些公司以银行、借款人和质押经理为主体，设立三方质押管理协议（CMA），审查公司往往作为仓储运营商兼任质押经理的职位。通过该协议，存货人，即借款人在银行方面获得一定信用而得到融资机会。此类仓单直接开具给提供资金的银行而非借款人，并且这种仓单不能流通转移。

在非洲各国中较为成功的例子是赞比亚的物流金融体系。赞比亚没有采用北美以政府为基础的体系模式，而是在自然资源协会的帮助下，创立了与政府保持一定距离、不受政府监管的自营机构——赞比亚农业产品代理公司。该公司参照发达国家的体系担负物流金融系统的开发和管理，同时避免了政府的干预，从而更能适应非洲国家的政治经济环境。

国外物流金融服务的推动者更多是金融机构，而国内物流金融服务的推动者主要是第三方物流公司。物流金融服务是伴随着现代第三方物流企业而生的，在物流金融服务中，现代第三方物流企业业务更加复杂，除了要提供现代物流服务外，还要跟金融机构合作一起提供部分金融服务。国内学者关于物流金融相关领域的研究主要是物资银行、融通仓等方面的探讨，然而这些研究主要是基于传统物流金融服务展开的，未能从供应链、物流发展的角度探讨相应的金融服务问题。在国内实践中，中国储运集团从1999年开始从事物流金融部分业务。物流金融给中国储运集团带来了新的发展机遇，最近该集团公司总结了部分物流金融业务模式，并在集团所有子公司进行推广。

二、物流金融的实施方式

物流金融的服务和实施方式不可能仅局限于货物质押，我国目前的物流金融服务已经突破了最初的模式，物流金融的实施方式主要有如下四种。

1. 仓单质押

由于仓单质押业务涉及仓储企业、货主和银行三方的利益，因此要有一套严谨、完善的操作程序。

首先货主（借款人）与银行签订《银企合作协议》、《账户监管协议》；仓储企业、货主和银行签订《仓储协议》；同时仓储企业与银行签订《不可撤销的协助行使质押权保证书》。

货主按照约定数量送货到指定的仓库，仓储企业接到通知，经验货确认后开立专用仓单；货主当场对专用仓单作质押背书，由仓库签章后，货主交付银行提出仓单质押贷款申请。

银行审核后，签署贷款合同和仓单质押合同，按照仓单价值的一定比例放款至货主在银行开立的监管账户。

贷款期内实现正常销售时，货款全额划入监管账户，银行按约定根据到账金额开具分提单给货主，仓库按约定要求核实后发货；贷款到期归还后，余款可由货主（借款人）自行支配。

2. 动产质押

动产质押是指债务人或第三人将其动产移交债权人占有，将该动产作为债权的担保。债务人不履行债务时，债权人有权依照规定以该动产折价或以拍卖、变卖该动产的价款优先受偿。债务人或第三人为出质人，债权人为质权人，移交的动产为质物。

3. 保兑仓

“保兑仓”是指以银行信用为载体，以银行承兑汇票为结算工具，由银行控制货权，卖方（或仓储方）受托保管货物并以货物回购作为担保措施，由银行向生产商（卖方）及其经销商（买方）提供的以银行承兑汇票的一种金融服务。

通俗一点讲，企业向合作银行交纳一定的保证金后开出承兑汇票，且由合作银行承兑，收款人为企业的上游生产商，生产商在收到银行承兑汇票前开始向物流公司或仓储公司的仓库发货，货到仓库后转为仓单质押，若融资企业无法到期偿还银行敞口，则上游生产商负责回购质押货物。

4. 开证监管

开证监管是指银行为进口商开具立信，进口商利用信用证向国外的生产商或出口商购买货物，进口商会向银行缴纳一定比例的保证金，其余部分则以进口货物的货权提供质押担保，货物的承运、监管及保管作业由物流企业完成。

【拓展】 案例中物流咨询公司是这么操作的：

根据企业的实际需求和存在的问题，引入楷通物流公司作为质押物监管方，为LS建材打开了通往银行的快速融资通道。针对存货，发现核定货值货物质押方式能够解决存货问题，将该公司的建材存货作为质押物向招商银行取得融资，委托符合招商银行准入条件的楷通物流公司进行监管（仓储），招商银行根据融资金额和质押率，确定由楷通物流公司监管的最低价值，超过最低价值以上的存货由楷通自行控制提换货，以下的部分由LS建材公司追加保证金或用新的货物赎货。同时，楷通物流公司负责建材质押的全程监控，而监控的建材正是向招商银行贷款的质押物，这就解决了采购款资金问题。

对于楷通物流公司来说（物流公司），一项业务，可以获得两份收入，一项是常规的物流服务费，另一项是物流监管费。更主要的是，通过物流金融服务，稳定了客户关系。对LS建材来说（企业），好处也显而易见，通过楷通物流公司解决了资金链问题，经营规模得到扩张。对银行来说，物流金融不仅扩充了投资渠道，并且风险性大大降低。

三、物流金融风险与对策

由于我国现行经济体制及法律体系的限制（国有商业银行不能收购物流公司，非金融机构不能提供金融服务），物流金融在我国虽然有着很大的发展空间，但目前我国仅有中远、中海等大型物流企业在以“物流银行”的形式与各大商业银行合作开展物流金融业务。并且这项业务涉及众多市场主体，物流业务和金融业务自身的风险在物流金融业务中同时存在，目前在分担风险方面还尚未建立互惠、互利、互相制约的协议，金融机构、出质人、物流公司之间的风险划分关系不一致，各主体会片面强调、规避和转嫁风险，造成风险与收益之间不对等，一定程度可能会放大物流金融的风险。

（一）物流企业的风险和不确定性

我国的物流产业还处在粗放型的发展阶段，物流金融业务的可靠资金来源主要是银行贷款，这种单一的外部融资行为除了受到法律、政策的限制和影响，也给物流金融业务本身增加了诸多不确定性。

物流企业由于组织机构、管理体制和监督机制不健全，工作人员素质不高，管理层决策发生错误，运输、存储不当造成质押物损毁、灭失，监管企业资质差、监守自盗，以及对质物的定价评估不够公正、准确等，都会带来质物不足或落空的风险。金融机构由于介入物流金融业务的时间不长，在贷款工具设计、资金筹集、风险管理方法和内部监控方面经验不足，又受到各种制度、法律的瓶颈制约，操作疏漏和失误也难以避免。在我国，企业内部管理风险往往较大。

（二）物流企业内部管理风险对策

物流金融业务从业人员不仅要熟悉相关金融业务，还要谙熟质押物及其所属的行业（如钢铁、汽车）情况，对市场走势要有准确的判断，并具备敏捷的思维判断能力和应变能力。为了规避风险，具体可应用的手段如下：

运用资本营销手段，以资产重组、参股控股、资产并购、产权置换、发行股票或债券、发起或借壳上市、票据性融资等多种方式扩大自身的规模，增强实力和扩大市场份额；开拓实物型、技术型融资业务，特别是在与物流经营相关的大型耐用设备租赁和关键技术领域展开合作；开发商业贷款以外的适合现代物流企业发展的其他金融授信业务（银行承兑汇票、支票、信用证、保函等）；拓展物流发展基金和风险基金（可以是已经上市的投资基金，也可以是未上市的投资基金，其资金来源主要由财政补贴和企业的多元化投资组成）；争取境外资金和政府财政的战略投资也为可取之策。

除此之外，还可以采用风险基金的形式。物流企业面向出资人，对每笔融资业务按照合适的比例，收取“风险补偿金”形成物流风险基金，对于物流业务中发生的风险损失，由物流风险基金承担赔偿责任。与由物流企业向保险公司投保相比，由物流企业自我保险，物流风险基金能更好地避免物流企业因投保而在物流作业中不负责任的道德风险。

任务三　明确物流与互联网的关系

任务情境

锦程物流网是国内最著名的物流综合门户网站，根据世界权威检测网站Alexa.com 的访问量排名统计，锦程物流网在国内物流行业网站中连续五年排名第一。

锦程物流网成立以来，始终致力于以电子商务和网络公共平台为依托，以网络营销推广、网络交易、网络结算、网络物流金融、信誉体系等多元化网络服务为手段，整合国内外物流行业资源和贸易客户资源，打造贸易商面向物流提供商的网络物流集中采购渠道、物流提供商面向贸易商的网络营销渠道、物流提供商之间的同行网络采购合作渠道，打造全球最有影响力的物流行业传媒。

每天均有上万个以上的物流供需双方企业在这里发布供应、运价、招标、代理等重要信息，日均商机发布量达数十万条。诸多供应商在这里完成了交易的前期工作，并获得了来自采购者的长期采购订单。

锦程物流网的内容主要分为交易平台、资讯中心、物流人社区三大版块。交易平台为所有物流商和贸易商提供了专业的网上交易平台，为了方便客户间的交易，设置了海运、空运、陆运、商检报关、仓储、快递六大行业频道，通过信息发布和交流让更多的物流供需双方轻松找到对方，是名副其实的“永不落幕的物流交易市场”。

在强大的平台的支持之下，锦程物流网已经成功地把物流引入了互联网时代，开启了物流网上运作的新篇章。

（资料来源：http://www.jctrans.cn/jctrans/intro/）

问题：思考互联网对物流企业有什么影响呢？

任务要求

结合任务情境，回答下列问题：

1．了解互联网给物流行业带来了哪些变化。

2．展望物流业在互联网影响下的发展趋势。

知识准备

一、互联网对物流的影响

现代信息技术的发展，特别是互联网迅速向市场渗透，正在促使企业的商务方式发生改变。

移动互联网技术的出现，将改变以往我国信息技术在物流行业的应用和推广水平低的现状，增强中国物流企业提升自主创新和产业支撑的能力，通过高科技手段的辅助，中国物流企业在物流设施设备的自动化、智能化程度和物品管理的信息化水平将实现长足的进步。

我们都知道互联网的特点是覆盖面大，传播迅速，并且成本低廉。特别是随着国内互联网越来越普及，绝大部分的消费群体都逐步抛弃传统的信息捕获渠道，改而利用互联网上的搜索引擎、社区、分类目录等资源，来寻求更加贴合自己需求的产品和服务。

我国的物流企业多由传统的运输和仓储企业转变而来，大大小小物流企业有上百万家，且90%以上都是为中小型规模的，基本都处于起步转型阶段，普遍存在资金不足、物流设施陈旧、技术单一、物流观念落后、管理体制滞后及管理方面的人才短缺等问题。我国各物流企业在国内基本情况都差不多，但面对具有先进的物流运营方式和物流技术，以及几十年的物流经营经验和丰富的物流人才资源的大型国际物流公司的进攻，就完全处于劣势。在这种情况下，我国物流业该如何生存下去呢？只有建立自己的物流信息化之路。依靠物流信息化的支撑，可以实现商品全程监控、可视化管理，降低牛鞭效应和成本，增强企业的反应能力，提高企业在物流行业中的竞争力，增加了客户满意度，提高了商品销售额，保证了供货速度的可获得性及良好的服务品质。因此我国广大物流企业在发展之中，除了依靠先进的管理思想和科学的管理手段，企业信息化建设必不可少，这样才能在激烈竞争的环境中处于不败之地。

互联网的发展给物流业的发展带来了很大的机遇，在互联网高速发展的时代，互联网能够给物流企业的发展带来以下优势：

（1）宣传优势。互联网的覆盖面广，通过互联网可以有效地使物流企业在全国范围甚至世界范围内得到宣传。这样不仅可以促进更大范围的物流协作，还可以促进企业的规模发展。

（2）成本优势。通过互联网进行推广，可以有效降低物流企业的采购、库存、宣传和经营管理成本。

（3）规模优势。互联网消费群体正在不断扩大，可以为物流企业带来很大的潜在客户群体。有了充足的货源，就可以促进企业发展规模，提高企业实力。

（4）综合竞争力优势。当规模扩大、服务水平提高之后，物流企业的核心竞争力就会相应提升，这有利于物流企业参与国内、国际市场的竞争，带动整个产业的发展。

可以说，随着移动互联网技术的不断成熟，智能物流将是信息化物流的下一站，移动互联网技术的出现，正在推动着中国智能物流的变革。

二、物流前端商业变迁

过去十年电子商务的发展，将传统的中国物流推上了快车道，今天京东、阿里等企业陆续在海外上市，物流成为其估值的重头戏。这也是为何刘强东自始至终都强调京东物流的核心价值，这也是为何马云会在阿里上市头一年（2013年）高调启动菜鸟物流平台的关键内因，物流对于大型平台电商企业有着不言而喻的战略价值。

从另外一个角度来看，真正服务于电商的物流企业，反而缺乏对行业价值的认识。诸多物流企业的经营者的思路大部分处于被动服务角色，从运营中获取微薄的利润，这样的企业是典型的低头做事的思维，缺乏抬头看天商业视觉。以下是近年来物流市场的变化情况。

1. 快递量的变化

当物流企业看全国包裹数量从2012年57亿到2013年的92亿变迁，2014年超过140个亿的趋势时，只看到量的变化，没有注意物流需求等深层次的变化。

2. 物流需求的变迁

曾经诸多企业在服务于合同物流（B2B）的业务时，电商B2C物流需求来了；当物流企业全面争夺B2C物流需求时，O2O和C2B来了。面对京东、阿里、苏宁O2O的布局，面对海尔、小米C2B的趋势，顺丰、日日顺等企业早就开始布局这个市场了。传统的物流企业，特别是那些继续玩合同物流的企业，要想在行业中长久立足，应该知道下一个服务的价值点。

3. 物流载体的变化

有关数据显示，2013年高速路货车的流量相对于上年降低了2%～5%，半挂车销量降低了27%；而三通一达、顺丰等的流量增幅到50%～100%，顺丰的飞机达到34架（自有全货机达15架），德邦等零担企业的业务量递增40%左右。这一切基础数据可以看出整个物流业朝着高速发展的变迁。

4. 物流上游商业的变迁

如今的商业已经从工业化思维升级到互联网思维。从供应链的角度看，2015年各大产业的供应链模式都面临新的变迁。传统的工业化思维是批量生产产品，从不同的渠道渗透末端消费者，渠道供应链是卖库存模式；而互联网商业已经从O2O的体验到C2B的定制化服务，传统的手机模式到C2B小米模式，传统的家电模式到海尔的互联网转型的DIY模式，传统的底特律汽车模式到硅谷的特斯拉生产汽车模式，这一切互联网化的产业，都将以消费者端（C端）驱动为核心，以信息替代库存，颠覆了传统的商业模式，当然随之而来的是物流服务模式的变革。

新型的互联网商业，带动的是个性化的“定制消费+O2O”的体验，这将催生小批量、多批次、高频率的物流服务需求，B2B的物流服务一定会落寞，随之而来的是快递、零担的需求递增，要打造这样的物流服务体系，一定是平台化物流企业的春天。

所以，物流上游商业因互联网思维而加速发展，物流企业若还不快速转型和创新，市场的淘汰将是无情的。

三、互联网给物流业带来的商机

中国物流的十大平台包括零担物流平台、公路港平台、快递平台、最后一公里平台、物流园区平台、物流运力资源平台、物流人脉商业平台、运力资源平台、融资租赁平台、物流打车模式平台等。从不同的角度解析未来平台化发展的商业价值，其实这些平台永远不是孤立的，叠加在一起就构成了中国物流的商业生态。

中国物流的平台化企业 2014 年已经初具规模，但平台化的商业业态还尚未成型，物流平台企业的商业模式还比较传统，如何转型经营思维？物流平台应该思考阿里巴巴模式、小米模式、360 模式等。

物流平台企业可以学习阿里巴巴生态模式，不赚取上下游的钱，从平台角度延伸出数据、金融、流量、营销等商业价值，其实物流平台交易的资金池是足够大的，大数据的价值也明显，阿里巴巴的平台思维帮助诸多想利用互联网创业的创业者实现梦想，同样物流平台也会带动更多的中小物流企业来实现创业。

物流平台企业还可以学习小米模式，主流产品手机并不赚钱，代工而且是外包富士康，备件和增值服务是其主要的盈利渠道。同样，物流平台应该是上游下游整合的模式，自己的主流商品或服务不赚钱，延伸出来的服务是获利的重要方式。

360 模式也值得物流平台企业借鉴，那就是免费模式。当年金山、瑞星、卡巴斯基打得火热时，360 的免费模式推出，让整个杀毒市场颠覆性的变革，今天还有哪家杀毒软件卖钱的？这种颠覆性的思维，可以吸收大量的用户，从而带来另一种商业升级。

今天，陆续有企业推出互联网车队、互联网整合物流园区、互联网的物流交易平台及美国打车软件 Uber 开始应用到物流领域，这一切都是互联网模式融入到传统物流的商业模式，蕴涵着重要的商业潜力。

互联网是开放的、无边际的、无时空约束的，物流平台一定要以开放的思维进行创新。当技术无法再次升级或不容易推动物流行业升级创新时，商业模式的变革就是最佳的机会。利用互联网企业的经营思维渗透物流，这里的商业价值将呈几何级裂变。

四、信息扁平化，促进行业供求和运营监控的平台化

互联网特别是移动互联网快速发展带来的价值，就是将商业沟通、交易变得越来越轻松、便捷、高效、安全，电子商务发展到今天，大家都能亲自体会到。当互联网和移动互联网融入到物流行业，将会带来哪些革命呢？

1. 货主与承运方的交易将越来越扁平化

信息通路的打通，对行业健康发展会起到良好的促进作用。2014 年第一个将打车模式融入到物流的“路歌车场”就是很重要的一个例子。“路歌车场”是服务于国内物流公司集社会车辆聚集、定位、调度为一体的物流软件——“管车宝”中的一

项功能。具体功能为：百万车辆资源一键调度，补充自有车队资源，直接和司机对话，增加可调度车辆资源数量等。路歌管车宝充分利用了互联网技术和基站定位技术，实现了社会车辆的整合优化、定位追踪、证件核查、金融支付、网络车场等功能，有效地提升了物流公司整体运营效益。这是物流行业互联网化的重要标杆。

2. 监控管理越来越可视化

2014 年 5 月汇通天下的 G7 平台推出，实现了物流运营数据的实施可视化监控，让一线的信息与后台的监控彻底扁平化。

3. 物流信息扁平化

公路港、物流园区平台化的整合，也将是促进信息扁平化发展的重要手段。

物流商业信息的扁平化，这是物流行业的必然趋势，同时一定会伤及传统模式的利益，正所谓新商业的出现正是对旧商业的颠覆，不破不立。

任务四　了解特色物流的发展

任务情境

顺丰速运有限公司在上海发布“顺丰冷运”品牌，表示将为生鲜食品行业客户提供“一站式供应链解决方案”。顺丰冷运是在整合顺丰现有物流、电商、门店等资源的基础上，为生鲜食品行业客户提供冷运仓储、冷运干线、冷运宅配、生鲜食品销售、供应链金融等一站式解决方案。

事实上，在 2012 年 5 月顺丰的自有电商平台“顺丰优选”上线之初，顺丰便开始在冷链物流领域布局。2013 年 12 月，顺丰正式成立了食品供应链事业部，之后逐渐推出“仓干配销”一体化的行业解决方案。今年 9 月，集冷运存储和中转功能的顺丰上海和厦门冷库也已正式启动。预计到今年底，顺丰将建成启用包括北京、广州、深圳、武汉、成都等地的总计 10 座 B2C 冷库。

眼下，顺丰冷运的主要服务对象仍是顺丰优选，但公司已逐渐引入其他电商客户，如易果网、冰天美帝冰淇淋等。据公司称，在顺丰优选，生鲜商品可以覆盖全国 54 个城市；易果网在上海仓库的生鲜商品也可以被多批次、小批量地送至其北京仓库。

因为看好冷链物流的巨大市场潜力，顺丰已将冷链物流作为公司重要的战略业务支柱。顺丰有关人员表示，“在我国，综合冷链流通率仅为 19%左右，而美日等发达国家的综合冷链流通率已超过 9 成”。

（资料来源：中国冷链物流网 2014.9.26）

问题：你对冷链物流及其发展前景有什么看法？

任务要求

通过学习任务四，能了解到物流行业的发展动态。

知识准备

一、冷链物流

（一）冷链物流概述

冷链物流（Cold Chain Logistics）泛指冷藏冷冻类食品在生产、储藏运输、销售、直到消费前的各个环节中始终处于规定的低温环境下，以保证食品质量，减少食品损耗的一项系统工程。它是随着科学技术的进步、制冷技术的发展而建立起来的，是以冷冻工艺学为基础、以制冷技术为手段的低温物流过程。中国农产品冷链物流业正快速发展，国家必须尽早制定和实施科学、有效的宏观政策。冷链物流的要求比较高，相应的管理和资金方面的投入也比普通的常温物流要大。

冷链物流的适用范围包括：初级农产品，包括蔬菜、水果；肉、禽、蛋；水产品、花卉产品；加工食品，包括速冻食品、禽、肉、水产等包装熟食、冰淇淋和奶制品，巧克力，快餐原料；特殊商品，如药品。冷链物流比一般常温物流系统的要求更高、更复杂，建设投资也要大很多，是一个庞大的系统工程。由于易腐食品的时效性要求冷链各环节具有更高的组织协调性，所以，食品冷链的运作始终是和能耗成本相关联的。

（二）冷链物流发展展望

随着农产品冷链物流行业竞争的不断加剧，大型农产品冷链物流企业间并购整合与资本运作日趋频繁，国内优秀的农产品冷链物流生产企业越来越重视对行业市场的研究，特别是对企业发展环境和客户需求趋势变化的深入研究。正因为如此，一大批国内优秀的农产品冷链物流品牌迅速崛起，逐渐成为农产品冷链物流行业中的翘楚！

由于一些企业不具备专业的冷链物流运作体系，也没有冷链物流配送中心，而冷链物流中心的建设是一项投资巨大、回收期长的服务性工程，建立冷链物流中心显然不适合他们。这些企业可与社会性专业物流企业结成联盟，有效利用第三方物流企业，实现冷链物流业务。

物流企业可与工商企业结成联盟，整合冷链资源，输出有针对性改进的物流管理和运作体系。冷链运输是冷链物流的关键环节，尤其是乳制品要求严格，需要天天配送。鲜奶的质量要求比较高，需要特殊条件的运输，零售业与厂商结盟实现鲜奶的保质运输。由于生产厂商有一整套的冷链物流管理和运作系统，能在运输中保证鲜奶的质量，建立由厂商直接配送的运输服务。例如，一些大型超市与蒙牛建立长期的合作关系，由蒙牛直接配送到达超市的冷柜，全程按照蒙牛的运输条件和运输工具的要求运输，避免在运输过程中鲜奶变质，给超市造成重大损失，因而影响蒙牛的信誉度。随着合作的进展，与客户建立起的合作关系趋向稳固，以及操作经验的不断积累，通过对生产商自有冷链资源、社会资源和自身资源的不断整合，建立起科学的、固定化的冷链物流管理和运作体系。

麦当劳餐厅的冷链物流则是以外包方式完全包给第三方物流企业即夏晖公司。夏晖公司是麦当劳的全球物流服务提供商，为麦当劳提供优质的服务。夏晖公司为了满足麦当劳冷链物流的特殊要求，投资建立多温度食品分发物流中心，分为干库、冷链库和冷冻库，配有冷链冷冻保存设备及冷链运输设施，保质保量地向麦当劳餐厅运送冷链货物。

共同配送是经过长期的发展和探索优化出的一种追求合理化的配送形式，也是美国、日本等一些发达国家采用较为广泛、影响面较大的一种先进的物流方式，它对提高物流运作效率、降低物流成本具有重要意义。

由于冷链物流的低温特点，物流企业单独建立冷链物流中心，投资成本高，而且回收期较长。因为冷链食品的特点相同，社会整个冷链物流业应该联合起来，共同建立冷链物流配送中心，实现冷链物流业的共同配送。

从微观角度看，实现冷链物流的共同配送，能够提高冷链物流作业的效率，降低企业营运成本，可以节省大量资金、设备、土地、人力等。企业可以集中精力经营核心业务，促进企业的成长与扩散，扩大市场范围，消除有封闭性的销售网络，实现共建、共存、共享的环境。

从整个社会角度来讲，实现冷链物流的共同配送可以减少社会车流总量，减少城市卸货妨碍交通的现象，改善交通运输状况；通过冷链物流集中化处理，有效提高冷链车辆的装载率，节省冷链物流处理空间和人力资源，提升冷链商业物流环境进而改善整体社会生活品质。

二、绿色物流

（一）绿色物流及其起因

绿色物流（Environmental Logistics）是指在物流过程中抑制物流对环境造成危害的同时，实现对物流环境的净化，使物流资源得到最充分利用。它包括物流作业环节和物流管理全过程的绿色化。从物流作业环节来看，包括绿色运输、绿色包装、绿色流通加工等。从物流管理过程来看，主要是从环境保护和节约资源的目标出发，改进物流体系，既要考虑正向物流环节的绿色化，又要考虑供应链上的逆向物流体系的绿色化。绿色物流的最终目标是可持续发展，实现该目标的准则是经济利益、社会利益和环境利益的统一。它起因于以下几个方面。

1. 人类环境保护意识的觉醒

随着世界经济的不断发展，人类的生存环境也在不断恶化。具体表现为：能源危机，资源枯竭，臭氧层空洞扩大，环境遭受污染，生态系统失衡。以环境污染为例，全球20多个特大城市的空气污染超过世界卫生组织规定的标准。人类的认识往往滞后于客观自然界的发展，当前生态环境保护的意义逐渐被人类所认识。于是，绿色消费运动在世界各国兴起。消费者不仅关心自身的安全和健康，还关心地球环境的改善，拒绝接受不利于环境保护的产品、服务及相应的消费方式，进而促进绿色物流的发展。与此同时，绿色和平运动在世界范围内展开，环保勇士以不屈不挠的奋斗精神，给各种各样危害环境的行为以沉重打击，对于激励人们的环保热情、推动绿色物流的发展，也起到了极其重要的作用。

2. 各国政府和国际组织的倡导

绿色物流的发展与政府行为密切相关。凡是绿色物流发展较快的国家，都得益于政府的积极倡导。各国政府在推动绿色物流发展方面所起的作用主要表现在：一是追加投入以促进环保事业的发展；二是组织力量监督环保工作的开展；三是制定专门政策和法令来引导企业的环保行为。

环保事业是关系到人类生存与发展的伟大事业，国际组织为此作出了极大的努力并取得了显著成效。1992年，第27届联大决议通过把每年的6月5日作为世界环境日，每年的世界环境日都有专门的活动主题，以推动世界环境保护工作的开展。联合国环境署、世贸组织环境委员会等国际组织展开了许多环保方面的国际会议，签订了许多环保方面的国际公约与协定，也在一定程度上为绿色物流发展铺平了道路。

3. 经济全球化潮流的推动

随着经济全球化的发展，一些传统的关税和非关税壁垒逐渐淡化，环境壁垒逐渐兴起。为此，ISO14000 成为众多企业进入国际市场的通行证。ISO14000 的两个基本思想是预防污染和持续改进，它要求建立环境管理体系，使其经营活动、产品和服务的每一个环节对环境的影响最小化。ISO14000 不仅适用于第一、二产业，也适用于第三产业，更适用于物流业。物流企业要想在国际市场上占有一席之地，发展绿色物流是其理性选择。

4. 现代物流业可持续发展的需要

绿色物流是现代物流可持续发展的必然。物流业作为现代新兴产业，有赖于社会化大生产的专业分工和经济的高速发展。而物流要发展，一定要与绿色生产、绿色营销、绿色消费等绿色经济活动紧密衔接。人类的经济活动不能因物流而过分地消耗资源、破坏环境，以至于造成重复污染。此外，绿色物流还是企业最大限度地降低经营成本的必由之路。一般认为，产品从投产到销出，制造加工时间仅占10%，而几乎90%的时间为仓储、运输、装卸、分装、流通加工、信息处理等物流过程。因此，物流专业化无疑为降低成本奠定了基础。

（二）绿色物流实施策略

1. 树立绿色物流观念

企业必须尽快提高认识和转变观念，应着眼于企业和社会的长远利益，树立集体协作、节约环保的团队精神。将节约资源、减少废物、避免污染等目标作为企业的长远发展目标。把绿色物流作为世界全方位绿色革命的重要组成部分。对企业的员工要培养绿色生产、绿色消费、绿色产品和珍爱人类生存环境的意识，使“环保、生态、绿色”的物流管理理念深入人心。在物流成为企业第三利润源的同时创造更多的社会效益、生态效益。另外，消费者也应关注绿色物流理念。对于消费者来说，可以通过绿色消费行为迫使企业进行绿色生产和绿色物流管理，通过绿色消费舆论要求政府规制绿色物流管理。这要求把力量分散的个体消费者联合起来，如依靠消费者协会或建立类似的机构来代表消费者参与当前的绿色物流发展。

2. 推行绿色物流经营

物流企业要从保护环境的角度制定其绿色经营管理策略，以推动绿色物流进一步发展。

（1）选择绿色运输。通过有效利用车辆，来降低车辆运行距离，提高配送效率。例如，合理规划网点及配送中心、优化配送路线、提高共同配送、提高往返载货率；改变运输方式，由公路运输转向铁路运输或海上运输；使用绿色工具，降低废气排放量，等等。

（2）提倡绿色包装。包装不仅是商品卫士，而且也是商品进入市场的通行证。绿色包装要醒目环保，还应符合4R要求，即少耗材（Reduction）、可再用（Reuse）、可回收（Reclaim）和可再循环（Recycle）。

（3）开展绿色流通加工。由分散加工转向专业集中加工，以规模作业方式提高资源利用率，减少环境污染；集中处理流通加工中产生的边角废料，减少废弃物污染，等等。

（4）搜集和管理绿色信息。物流不仅是商品空间的转移，也包括相关信息的搜集、整理、储存和利用。绿色物流要求搜集、整理、储存的都是各种绿色信息，并及时运用于物流中，促进物流的进一步绿色化。

3. 开发绿色物流技术

绿色物流的关键所在，不仅依赖绿色物流观念的树立、绿色物流经营的推行，更离不开绿色物流技术的应用和开发。没有先进物流技术的发展，就没有现代物流的立身之地，更没有绿色物流的立身之地。而我们的物流技术与绿色要求有较大的差距，如物流机械化方面、物流自动化方面、物流的信息化及网络化，与西方发达国家的物流技术相比，大概有10～20年的差距。要大力开发绿色物流技术，否则绿色物流就无从谈起。

4. 制定绿色物流法规

绿色物流是当今经济可持续发展的一个重要组成部分，它对社会经济的不断发展和人类生活质量的不断提高具有重要意义。正因为如此，绿色物流的实施不仅是企业的事情，而且还必须从政府约束的角度，对现有的物流体制强化管理。

一些发达国家的政府非常重视制定政策法规，在宏观上对绿色物流进行管理和控制。尤其是要控制物流活动的污染发生源，物流活动的污染发生源主要表现在：运输工具的废气排放污染空气，流通加工的废水排放污染水质，一次性包装的丢弃污染环境，等等。因此，他们制定了诸如污染发生源、限制交通量、控制交通流等相关政策和法规。国外的环保法规种类很多，有些规定相当具体、严厉，国际标准化组织制定的最新国际环境标志也已经颁布执行。

5. 加强对绿色物流人才的培养

绿色物流作为新生事物，对营运筹划人员和各专业人员的素质要求较高，因此，要实现绿色物流的目标，培养和造就一批熟悉绿色理论和实务的物流人才是当务之急。

三、综合交通和物流一体化发展

随着市场竞争的不断深化和加剧，企业建立竞争优势的关键已由节约原材料的“第一利润源”和提高劳动生产率的“第二利润源”，转向建立高效的物流系统的“第三利润源”。20世纪80年代，西方发达国家，如美国、法国和德国等就提出了一体化的现代理论，应用和指导其物流发展取得了明显的效果，使他们的生产商、提供商和销售商均获得了显著的经济效益。美国十几年的经济繁荣期与该国重视物流一体化的理论研究与实践、加强供应链管理、提高社会生产的物流效率和物流水平是分不开的。

亚太物流联盟主席指出，物流一体化就是利用物流管理，使产品在有效的供应链内迅速移动，使参与各方的企业都能获益，使整个社会获得明显的经济效益。所谓物流一体化，就是以物流系统为核心的由生产企业、经由物流企业、销售企业，直至消费者的供应链的整合化和系统化。它是物流业发展的成熟阶段。物流业高度发达，物流系统完善，使物流业成为社会生产链条的领导者和协调者，能够为社会提供全方位的物流服务。

物流一体化的发展可进一步分为三个层次：物流自身一体化、微观物流一体化和宏观物流一体化。物流自身一体化是指物流系统的观念逐渐确立，运输、仓储和其他物流要素趋向完备，子系统协调运作，系统化发展。微观物流一体化是指市场主体企业将物流提高到企业战略作为纽带的企业联盟。宏观物流一体化是指物流业发展到这样的水平：物流业占到国家国民总收入的一定比例，处于社会经济生活的主导地位，它使跨国公司从内部职能专业化和国际分工程度的提高中获得规模经济效益。物流一体化是物流产业的发展形式，它必须以第三方物流充分发展和完善为基础。物流一体化的实质是一个物流管理的问题，即专业化物流管理人员和技术人员，充分利用专业化物流设备、设施，发挥专业化物流运作的管理经验，以求取得整体最佳的效果。同时，物流一体化的趋势为第三方物流的发展提供了良好的发展环境和巨大的市场需求。从物流业的发展看，第三方物流是在物流一体化的第一个层次上出现萌芽的，但是这时只是数量有限的功能性物流企业。第三方物流在物流一体化的第二个层次得到迅速发展，如专业化的功能性物流企业和综合性物流企业的出现，并发展很快。这些企业发展到一定水平，物流一体化就进入了第三个层次。西方发达国家在发展第三方物流，实现物流一体化方面积累了较为丰富的经验。德国、美国、日本等先进国家认为，实现物流一体化和发展第三方物流，关键是具备一支优秀的物流管理队伍，这就要求队伍管理者必须具备较高的经济学和物流学专业知识和技能，精通物流供应链中的每一门学科，整体规划水平和现代管理能力都很强。第三方物流和物流一体化的理论为中国的国有大中型企业带来一次难得的发展机遇和契机，即探索适合中国国情的第三方物流运作模式；降低生产成本，提高效益，加强竞争力。

国内专业化的物流企业主要是一些原来的国家大型仓储运输企业和中外合资、独资企业，如中国储运公司、中外运公司、大通、敦豪、天地快运、EMS、宝隆洋行等。近年来，各公司的营业额均在 1 亿元以上，营业范围涉及全国配送、国际物流服务、多式联运和邮件快递等。

高效成熟的交通物流系统不仅是区域经济发展的“助推器”，更是引导区域协调发展的有效手段和先行条件。伴随经济带区域整体协同发展、体制机制的逐步健全，产业联动和市场空间的拓展，交通互联互通水平的进一步提高，各地的区域综合交通体系也在纷纷构建；完善交通系统、优化城市道路网络、倡导公交先行、建立快速物流通道等措施在一些城市也纷纷实施起来。

【巩固提高】

一、填空题

选择合适的备用词，分别填入第 1～5 题：

供应链、绿色物流、冷链物流、第三方物流、共同配送

1．_________是围绕核心企业，通过对信息流、物流、资金流的控制，从采购原材料开始，制成中间产品及最终产品，最后由销售网络把产品送到消费者手中的将供应商、制造商、分销商、零售商直到最终用户连成一个整体的功能网链结构。

2．物流金融服务是伴随着现代_________企业而生。

3．_________是经过长期的发展和探索优化出的一种追求合理化的配送形式，也是美国、日本等一些发达国家采用较为广泛、影响面较大的一种先进的物流方式，它对提高物流运作效率、降低物流成本具有重要意义。

4．__________是以冷冻工艺学为基础、以制冷技术为手段的低温物流过程。

5．___________的最终目标是可持续发展。

二、单选题

1．供应链管理的核心思想对于供应链中单个企业来说就是（　　）。

A．提高核心竞争力　　B．降低物流成本

C．提供优质服务　　D．实现网络化

2．供应链管理的核心思想对于整个供应链来说就是合作竞争者战略、实现（　　）局面；对于顾客来说是在时间、质量上提高顾客满意度。

A．增值　　B．“双赢”　　C．共存　　D．可持续发展

3．目前我国物流金融业务的可靠资金来源主要是（　　），这种单一的外部融资行为除了受到法律、政策的限制和影响，也给物流金融业务本身增加了诸多不确定性。

A．股东出资　　B．银行贷款　　C．无形资产摊销　　D．资本公积

4．以物流系统为核心的由生产企业、经由物流企业、销售企业，直至消费者的供应链的整合化和系统化的是（　　）。

A．微观物流一体化　　　　　　　B．区域交通一体化

C．综合交通一体化　　　　　　　D．物流一体化

三、多选题

1．它不仅是一条连接供应商到用户的（　　）、（　　）、（　　），而且是一条增值链，物料在供应链上因加工、包装、运输等过程而增加其价值，给相关企业带来收益。

A．物流链　　B．信息链　　C．产业链　　D．资金链

2．物流金融的实施方式主要有（　　）。

A．仓单质押　　B．动产质押　　C．保税仓　　D．开证监管

3．绿色物流包括物流作业环节和物流管理全过程的绿色化。从物流作业环节来看，包括（　　）、（　　）、（　　）等。

A．绿色运输　　B．绿色包装　　C．标准化系统　　D．绿色流通加工

4．（　　）供应链更容易出现“牛鞭效应”。

A．以制造商为主导的供应链

B．以零售商为主导的供应链

C．第三方物流服务商为主导的供应链

D．消费者为主导的供应链

5．互联网能够给物流企业的发展带来以下优势（　　）。

A．宣传优势　　B．成本优势　　C．规模优势　　D．综合竞争力优势

【阅读与思考】

作为营业额 360 亿美元的跨国企业，美国的联合包裹服务公司（UnitedParcelServiceInc，下称 UPS）自 20 世纪 90 年代起，开始考虑在环保的前提下，建立绿色供应链，打造绿色工作环境。

UPS 首席执行官吉姆·凯利指出：“UPS 在全球拥有 91000 台车辆、2850 个服务中心、268 架飞机，如何打造一个绿色供应链及绿色工作环境，对我们而言非常重要。”

自 1998 年开始，UPS 与戴姆勒克莱斯勒、美国环境保护局合作，研究开发替代性能源的运输工具；2001 年，公司开始使用油电混合车，创下美国运输业界的先例。此后，电气车、丙烷发电车等陆续被开发出来；2005 年，在与美国环境保护局的合作下，公司开始测试第一台通过水力发电的油电混合车，力图降低运输工具对环境的污染。

此外，UPS 积极地与政府部门、协会合作，共同研究如何减少环境污染及打造

绿色环境的计划。UPS 在加州 Palm Springs 的服务设施是通过 145 片的太阳能镜板，来提供该服务中心的相关电力，而公司在加州也有 14 个中心，使用植物如玉米等产生的绿色能源。

1995 年，为节省水资源，公司更改其清洗运输工具的政策，在可维持其干净车体外观之下，决定不再每天清洁运输工具，此举每年约省下 3.65 亿加仑的水，并在 24 个营运中心加装废水利用系统，将水资源回收利用。2003 年开始运用无害环境的酵素来清洗运输工具，此举每年约节省 100 万美元的洗车剂和水的费用。

如何运用信息科技达到保护环境及成本降低的双赢策略，UPS 亦是个中的佼佼者。“UPS 通过无线传输、卫星定位等科技，追踪车辆、飞机等，以规划出最经济的行经路线；并依照天气、风速、飓风或其他因素，选择最有效率的飞行路径，既能节省油料、降低成本，又能减少废气的排放，达到环境保护的目的。”

此外，UPS 每一位快递员随身配备的手提式“讯息传递收集器（DIAD)”，不仅便于交易，也可以及时与公司保持联系。UPS 车队在取件过程中，可以更灵活地调整路线以满足客户的取件要求，也可以进行更具效率的取件路线规划。

凯利表示，“因为 DIAD 的研发与使用，让公司每年节省了约 5900 万张纸张的用量，平均每年少砍伐 5187 棵树木。”对于必须要运用到纸张的部分，但凡文件信封、计算机纸张、再次送件的客户通知单等，公司皆使用再生纸，并做好垃圾分类，将可再生的物资再次利用。就连运输过程中所使用的分类袋也是由耐用的尼龙线制作，而不使用任何的塑料袋。

UPS 推动绿色供应链的方式，是先由其内部做起，建立良好的制度及环保章程，然后再往外推广至合作伙伴端，提供合作伙伴相关的服务。

2000 年，UPS 开始推动“e-waste”项目，将其内部所有不再使用的主机、屏幕等计算机设备，取出零件去循环使用，6 年下来，将原先可能变成垃圾并污染环境的 1209 万磅电子零件废弃物回收再利用，成为有价值的物品。

对外，公司也开始提供客户或制造商做资源回收的服务，包括墨盒、计算机器材、书本、录像带、汽车零件、医疗器材等，将这些报废或使用完的资源重新利用或制造，与合作伙伴一起尽企业公民的责任。例如，惠普公司与 UPS 即有一项合作，称为 HP 星球伙伴（HP Planet Partners）的计划——当消费者购买 HP 墨粉盒时，每个墨粉盒的包装盒里都贴有一枚预付运费的 UPS 回程快递标签，消费者用完墨粉盒后，直接寄还给制造商，公司就会在后端协助处理这些计算机废弃物品。

【讨论】 根据案例，指出 UPS 主要展开了哪些绿色物流活动？

参考文献

[1] 国家发展和改革委员会经济运行调节局，南开大学现代物流研究中心. 中国现代物流发展报告 2014[R]. 北京：北京大学出版社，2014.

[2]交通运输部. 2014 年交通运输行业发展统计公报. http://zizhan.mot.gov.cn/zfxxgk/bnssj/zhghs/201504/t20150430_1810598.html

[3] 中国就业培训技术指导中心组织编写. 物流师（基础知识）[M]. 北京：中国劳动社会保障出版社，2014.

[4] 王红艳. 现代物流概论[M]. 北京：机械工业出版社，2015.

[5] 吴清一. 现代物流概论[M]. 北京：中国物资出版社，2005.

[6] 戴实，冯双. 铁路货运组织与管理[M]. 北京：中国铁道出版社，2002.

反侵权盗版声明

举报电话：（010）88254396；（010）88258888
传　　真：（010）88254397
E-mail：　dbqq@phei.com.cn
通信地址：北京市海淀区万寿路 173 信箱
　　　　　电子工业出版社总编办公室
邮　　编：100036